新时代青年学者管理文库
Management Library for Young Scholars in the New Era

新疆维吾尔自治区"天池英才"引进计划
"绿色低碳发展视阈下环保企业海外投资策略及其经济效应"（CZ003612）
新疆维吾尔自治区石河子大学高层次人才科研立项项目
"国家技术创新示范企业认定政策创新效应及溢出效应研究"（RCSK202406）

环保企业海外并购的经济后果研究

A Study on the Economic Consequences of
Overseas Mergers and Acquisitions of Environmental Protection Enterprises

孙洪锋　鲁春洋　杜家凤　著

东北财经大学出版社
Dongbei University of Finance & Economics Press
大连

MANAGEMENT LIBRARY

图书在版编目（CIP）数据

环保企业海外并购的经济后果研究 / 孙洪锋，鲁春洋，杜家凤著. —大连：东北财经大学出版社，2025.8.—（新时代青年学者管理文库）. —ISBN 978-7-5654-5741-8

Ⅰ. X324；F279.214

中国国家版本馆CIP数据核字第2025PN0647号

环保企业海外并购的经济后果研究

HUANBAO QIYE HAIWAI BINGGOU DE JINGJI HOUGUO YANJIU

东北财经大学出版社出版发行

大连市黑石礁尖山街217号　邮政编码　116025

网　　址：http://www.dufep.cn

读者信箱：dufep@dufe.edu.cn

大连永盛印业有限公司印刷

幅面尺寸：170mm×240mm　字数：185千字　印张：15.25　插页：1

2025年8月第1版　　　　　　　　2025年8月第1次印刷

责任编辑：石真珍　孙晓梅　　　　责任校对：刘贤恩

封面设计：张智波　　　　　　　　版式设计：原　皓

书号：ISBN 978-7-5654-5741-8　　定价：86.00元

前言

　　环保企业作为生态文明建设和污染防治攻坚战的中坚力量，是加快构建"双循环"新发展格局、发挥生态环境保护对高质量发展支撑保障作用的重要着力点，亦是推进绿色发展的重要抓手和实现"双碳"目标的重要支撑。然而，当前我国环保企业产业集中度低，小、散、弱特征明显，且科技创新能力不强，科技整体水平落后发达国家5～10年，尤其是"卡脖子"的关键技术问题亟待突破。因此，规模化成为我国环保企业未来发展的主要方向，政府希望通过培育大型龙头企业，提高我国环保产业集中度，并充分发挥大企业的引领带动作用，从而提升环保企业的整体效率和创新水平。已有研究和实践表明，并购尤其是海外并购是企业在短期内迅速实现产业升级、弯道超越和规模化发展的重要手段。近年来，随着国家"走出去"战略的实施、政府环境政策的支持和国内环保市场需求的激增，环保企业大举进军海外市场，海外并购呈现爆发式增长。尤其是在2015年和2016年，环保企业迎来了海外并购的井喷期，呈现出"买遍全球"的趋势。然而，站在现在的时点回顾环保企业海外并购的特征和状况可以发现，环保企业海外并购的效果并不尽如人意，部分企业的海外并购活动甚至引发了资本市场和投资者的广泛质疑。因此，我国环保企业海外并购的真实效果如何？是否达到了预期的并购目标并最终实现了企业价值提升？这些问题都值得深入研究。遗憾的是，目前鲜有文献针对上述问题展开分析与回应。

基于此，本书通过查阅环保企业海外并购公告并识别其海外并购目标，将海外并购区分为技术导向型海外并购和市场导向型海外并购，利用2010—2021年A股上市环保企业数据，深入分析和检验了技术导向型海外并购对环保企业创新水平的影响、市场导向型海外并购对环保企业投资效率的影响，以及海外并购对环保企业价值创造的影响。本书的主要研究结论如下：

（1）技术导向型海外并购显著提升了环保企业的创新水平。通过区分专利类型可以发现，技术导向型海外并购主要促进了环保企业的实用新型专利和外观设计专利，对发明专利的影响较小。主要结论在经过平行趋势检验、安慰剂检验、倾向得分匹配（PSM）、Heckman两阶段模型、改变回归模型和替换变量等稳健性检验后保持不变。同时，技术导向型海外并购的创新水平提升效应与高管海外经历、企业吸收能力和政府支持力度显著正相关。异质性分析显示，技术导向型海外并购对环保企业创新水平的提升作用在非国有企业、融资约束较轻企业和处于产权保护水平较高地区的企业更加显著。中介效应检验表明，技术导向型海外并购主要通过提高环保企业的研发效率而提升其创新水平。

（2）市场导向型海外并购显著提升了环保企业的投资效率，且这一提升效应主要通过抑制过度投资而非改善投资不足来实现。主要结论在经过平行趋势检验、安慰剂检验、倾向得分匹配、Heckman两阶段模型和替换变量等稳健性检验后保持不变。同时，市场导向型海外并购对环保企业投资效率的提升效应与企业内部治理水平、外部监督强度和地区制度环境显著正相关。基于企业特征和高管特征的异质性分析显示，市场导向型海外并购对投资效率的提升效应在非国有企业、政府补助较多企业、高管过度自信企业和高管具有海外经历的企业体现得更为明显。中介效应检验表明，市场导向型海外并购主要通过两条途径提升环保企业的投资效率：一是减少环保企业的代理问题，提升公司治理水平而改善投资效率；二是帮助环保企业更好地识别和把握投资机会，进而提升投资效率。

（3）基于事件研究法发现，环保企业的海外并购整体上没有为股东创造财富，并不具有短期价值创造效应，在细分技术导向型海外并购和市场导向型海外并购后该结论保持不变。进一步利用双重差分模型检验海外并购对环保企业长期价值的影响，结果显示，海外并购显著提升了环保企业的市场价值，对盈利能力的影响不显著。这一结论在经过平行趋势检验、倾向得分匹配、Heckman两阶段模型和替换变量等稳健性检验后保持不变。区分海外并购类型后发现，市场导向型海外并购对环保企业市场价值的提升作用显著为正，对盈利能力没有明显影响；技术导向型海外并购对环保企业市场价值和盈利能力的影响均不显著。异质性分析显示，海外并购对环保企业长期市场价值的提升作用在非国有企业、融资约束较轻企业和处于市场化水平较高地区的企业尤为明显。中介效应检验表明，海外并购主要通过规模经济效应、投资协同效应、治理协同效应和市场营销资源协同效应来提升环保企业的长期市场价值。

本书的研究贡献和研究创新主要体现在以下几个方面：

（1）本书的研究在排除并购行业异质性干扰的基础上，严格区分不同类型的海外并购活动，在此基础上进一步检验了相应的经济后果，这有助于厘清现有文献的争议并合理评估环保企业海外并购的真实效果。已有评估企业海外并购效果的文献虽然关注到研究数据、研究方法和情境因素的不同，但是多数研究忽视了并购动机和并购行业的差异。并购动机的复杂性和并购行业的异质性使我们难以简单地从单一维度来评判海外并购的预期效果，也为回答海外并购的利弊得失增加了难度。由于环保企业海外并购的对象同属环保产业，本书选择环保企业作为研究对象，可以在一定程度上排除并购行业异质性的干扰。同时，不同于现有文献将不同动机下的海外并购纳入同一整体来考查海外并购对某一维度的影响，我们根据环保企业海外并购的动机，将其区分为技术导向型海外并购和市场导向型海外并购，分别检验其对环保企业创新水平和投资效率的影响，并进一步检验了海外并购的价值创造效应，这为合理评估环保企业海外并购的真实效果提供了经验证据。

（2）本书的研究在理论上丰富了海外并购影响企业创新方面的研究文献，在实践中回答了以技术获取为目标的海外并购能否切实提升我国环保企业的创新能力这一问题。目前，考查海外并购创新效应的研究多集中于发达国家，由于我国企业海外并购起步较晚，相关研究文献较少且结论莫衷一是。这些文献主要存在两方面的缺陷：一是忽视了海外并购动机的异质性，如将市场导向和自然资源导向等非技术导向的海外并购也纳入了研究范畴，这对于合理评价海外并购的创新效应无疑有所偏误；二是多数研究主要考查海外并购对企业创新数量的影响，忽视了对创新质量的影响。在我国企业普遍存在"策略性"创新和环保企业原创性技术数量少、"卡脖子"技术问题严重的背景下，科学评估环保企业以技术获取为目标的海外并购的创新效果显得尤为关键。本书通过查阅环保企业的海外并购公告，严格区分并检验了技术导向型海外并购对环保企业创新数量和创新质量的影响，并深入考查了这一关系在不同情境下的异质性效应及背后的作用机制。这不仅在理论上弥补了已有研究的不足，亦在实践中为科学回答以技术获取为目标的海外并购是否提升了环保企业的创新水平提供了启示。

（3）本书丰富了海外并购经济后果和投资效率影响因素方面的相关文献。已有文献侧重于探讨海外并购的价值创造效应，鲜有文献关注海外并购对企业投资效率的影响。同时，企业投资效率影响因素方面的文献也多聚焦于企业特征、高管特征和制度环境等因素，忽视了海外并购的影响。实践证据表明，市场导向型海外并购势必会引发环保企业后续大规模的业务延伸和投资扩张，但是这些投资活动究竟是对投资机会的有效识别，还是过度自信引发的盲目扩张，抑或是代理问题严重的体现，现有文献并没有作出明确的回答。本书在严格定义市场导向型海外并购的基础上，系统研究了市场导向型海外并购对环保企业投资效率的影响效应、异质性表现及背后的作用机制，不仅丰富了相关领域的研究文献，也为科学评估市场导向型海外并购的效果以及有效识别海外并购影响企业价值的具体传导机制提供了启示和借鉴。

（4）本书的研究丰富了海外并购影响企业价值领域的相关文献。已有文献主要采取事件研究法考查海外并购对企业股票收益率的影响，即海外并购的短期财富效应。这种方法在中国股票市场发展不成熟的背景下存在一定的缺陷，尤其是不能反映体现企业发展机会和盈利能力的中长期价值。同时，多数研究对海外并购影响企业价值的作用机制缺乏讨论和检验，并且忽视了不同类型海外并购的差异性影响。本书同时使用事件研究法和双重差分模型考查了海外并购对环保企业短期价值和长期价值的影响，并进一步检验了技术导向型海外并购和市场导向型海外并购所受到的影响差异，最后还对海外并购影响企业价值的作用机制进行了深入检验。这在理论上弥补了已有研究的不足，丰富了海外并购影响企业价值的相关文献，在实践中为回应资本市场对环保企业海外并购的质疑以及今后更好地引导环保企业"走出去"提供了经验支撑和政策依据。

孙洪锋

2025 年 5 月

于石河子大学经济与管理学院

目录

第一章

导论

第一节 选题背景与研究意义

一、选题背景

中国改革开放40多年来，经济发展的体量和质量都取得了长足进步，人民群众也从对"物质文化生活"的需要开始过渡到对"美好生活"的向往。然而，长期的粗放式增长模式给生态环境造成了巨大破坏，环境风险持续发酵，严重威胁着经济社会的可持续发展和人民群众的美好生活（林雁等，2021）。因此，转变发展理念，走经济增长和环境保护协同并进的绿色发展道路，已然成为补齐发展短板和推动经济高质量发展转型的关键。党的十九大报告强调，要推进绿色发展，加快生态文明体制改革，建设美丽中国。2020年9月，习近平主席在第七十五届联合国大会一般性辩论上发表重要讲话，"中国将提高国家自主贡献力度，采取更加有力的政策和措施，二氧化碳排放力争于2030年前达到峰值，努力争取2060年前实现碳中和"。党的二十大报告也指出，要"积极稳妥推进碳达峰碳中和"。"双碳"目标的提出彰显了中国打赢污染防治攻坚战的决心，是新时期促进经济社会发展全面绿色低碳转型、助力实现生态环境高水平保护和经济高质量发展的重大战略举措。需要注意的是，相较欧美发达国家，我国从碳达峰到碳中和的承诺时间从45～70年缩短至30年，降碳减排的任务更加紧迫，形势也更加严峻。因此，如期实现"双碳"目标已经成为全社会面临的重要课题。

环保企业是为社会生产和生活提供环境产品和服务活动，为防治污染、改善生态环境、保护资源提供物质基础和技术保障的企业，已经成为生态文明建设和污染防治攻坚战的中坚力量，是加快构建"双循环"新发展格局、发挥生态环境保护对高质量发展支撑保障作用的重要着力点，也是推进绿色发展的重要抓手和实现"双碳"目标的重要支撑（中国环境保护产业协会，2022）。如此，做强做优做大环保企业，利用环保企业的高质量发展来促进经济社会的绿色低碳转型和"双碳"目标的如期实现，无疑具有决定性意义（余红辉，2019）。事实上，我国一直重视环保产业的发展，并把环保产业摆在了更加突出的位置。2011年，《环境保护部关于环保系统进一步推动环保产业发展的指导意见》发布，强调要加快培育和发展环保产业，加强环保技术创新体系建设，增强环保产业持续创新能力。2013年，国务院印发《关于加快发展节能环保产业的意见》，强调要促进节能环保产业发展水平全面提升，提高节能环保产业市场竞争力。党的十九大报告也提出要"壮大节能环保产业"。2021年，国务院印发《关于加快建立健全绿色低碳循环发展经济体系的指导意见》，进一步强调要壮大绿色环保产业，打造一批大型绿色产业集团。除上述直接的政策支持外，近年来，中央政府不断完善以《中华人民共和国环境保护法》（以下简称《环境保护法》）、《中华人民共和国环境保护税法》、环保督察制度等为代表的环境管理制度，涉及水、大气、垃圾处理、环境监测、土壤治理和噪声控制等多个领域；国家还大力推行政府和社会资本合作（public-private-partnership，PPP）项目，使得政府外包的环境治理额度大幅提高，环保产业市场需求得到极大释放，环保企业也因此迎来更加广阔的市场前景和发展机遇。

尽管政策支持和市场利好使得环保企业的发展进入快车道，但是由于我国环保产业起步较晚，与发达国家相比，仍然存在较大差距，尤其是在产业集中度和技术创新水平方面，亟待提高（余红辉，2019）。根据《2021中国环保产业发展状况报告》，我国环保企业以小微型企业为主，产业集中度低，小、散、弱特征明显，迫切需要培育大型龙头企业，提高我国环保产业集中度。同时，环保企业技术创新动力不足、水平不高、原创性不够、成果转化水平偏低，技术整体水平仍落后发达国家5～10年，尤其是"卡脖子"的关键技术问题亟待突破。因此，规模化是我国环保企业未来发展的主要方向，通过培育大型龙头企业，提高我国环保产业集中度，并充分发挥大企业的引领带动作用，从而提升环保企业的整体效率和创新水平（余红辉，2019；王韧等，2020），最终发挥环保企业助推"双碳"目标实现的重要支撑作用。

海外并购是企业在短期内迅速实现产业升级、"弯道超车"和规模化发展的重要手段（钟宁桦等，2019）。近年来，随着国家"走出去"战略的实施、政府环境政策的支持和国内环保市场需求的激增，环保企业大举进军海外市场，海外并购呈现爆发式增长，尤其是在2015年和2016年，环保企业迎来了海外并购的井喷期，呈现出"买遍全球"的趋势。据Wind数据库和环保领域垂直网站统计，2012—2018年，中国环保企业约开展了58起海外并购活动，并购金额超过600亿元人民币。其中，仅在2015—2018年，环保企业海外并购案例就超过50起。诸如中国天楹收购全球环境保护及固废治理龙头企业Urbaser公司（中国环保企业海外并购史上最大规模的收购）、天翔环境80亿元"海外并购三连击"等海外并购案例一度引发了行业轰动和资本市场的广泛热议。然而，站在现在的时点回顾这些环保企业海外并购的效果，既有企业成功实现了技术升级和国际化战略，也有企业的并购效果不尽如人意，天翔环境甚至在2020年被宣布暂停上市。因此，有必要系统考查环保企业海外并购的经济后果，以便科学评估环保企业海外并购的有效性，从而为后续更好地引导环保企业"走出去"提供启示和借鉴。

从环保企业海外并购背后的逻辑来看，一个重要目标在于引进国际先进的环境技术，从而提升自身的技术研发实力。如雪迪龙收购英国科睿科技（Kore Technology）公司，目的是获取其尖端的色谱分析技术；博世科收购加拿大瑞美达克土壤修复服务公司（RemedX Remediation Service），目的是获取其核心技术——有机污染物去除的热解吸技术。但是，海外并购能否真正提升环保企业自身的研发水平和创新实力，理论上并不能先验性地确定。一些研究者认为，海外并购能够扩大企业的知识库，分摊研发成本并提高研发效率，从而提升企业的创新水平（Stiebale，2013；张文菲等，2020）；另一些研究者认为，海外并购能够使母公司在短期内直接获取和运用先进技术，从而降低母公司的创新激励并挤出母公司的创新投入（Szücs，2014；朱治理等，2016）；还有一些研究者认为，海外并购与技术创新并不存在明显的因果关系（Bertrand and Zuniga，2006；Bitzer and Kerekes，2008）。尤其是在中国与发达国家存在巨大文化差异、制度差异和商业环境差异的背景下，环保企业能否通过有效吸收标的企业的先进技术而提升自身的技术创新水平，尚存疑问。环保企业海外并购的另一重要目标在于拓展海内外环保市场，加快国际化发展战略。如首创股份通过收购新加坡ECO公司，拓展了其在东南亚地区的固废处理业务；中国天楹通过收购Urbaser公司，先后在越南、新加坡和欧洲等市场取得了重大突破，国际化战略得以落地实施。一方面，这种市场导向型海外并购能够帮助环保企业洞悉行业最新发展动态，了解市场前沿信息，从而帮助企业更好地把握投资机会，提高投资效率；另一方面，并购后业务整合和组织重构的不确定性也可能加剧企业的代理冲突和信息不对称（任曙明等，2019），进而降低环保企业的投资效率。因此，这种以市场为导向的海外并购究竟如何影响环保企业的投资效率尚不明晰。海外并购整体上是否为环保企业创造了价值也是一个需要重点关注的问题。从现实情况来看，既有Urbaser公司为中国天楹贡献八成营收的成功案例，也有巴安水务、天翔环境等不尽如人意的案例。由此，海外并购对环保企业价值创造的影响亦需进一步实证检验。

基于上述理论和现实背景，我们以中国 A 股上市环保企业为研究样本，依据其海外并购的目标，将海外并购活动区分为技术导向型海外并购和市场导向型海外并购，并着重探讨如下几个问题：（1）技术导向型海外并购是否提升了环保企业的技术创新水平，尤其是高质量创新水平？如果答案是肯定的，其背后的作用机理如何？这一效应在不同情境下如何变化？（2）市场导向型海外并购如何影响环保企业的投资效率？这一效应的变化体现在过度投资还是投资不足上，抑或是两者兼有？此外，这一效应又受何种因素影响？在不同性质的企业中是否表现出差异性？（3）海外并购整体上是否为环保企业创造了价值？不同类型并购活动的价值创造是否存在区别？其背后的作用机制是什么？对这些问题的回答对于合理评估环保企业海外并购的真实效果具有重要参考价值。

二、研究意义

（一）理论意义

第一，现有文献主要聚焦于海外并购的影响因素研究，部分文献从并购绩效和创新绩效等单一视角考查了海外并购的经济后果，关于其背后作用机制的探讨相对不足。本书基于环保企业这类特定样本，分别从创新水平、投资效率和价值创造三个视角，考查了环保企业海外并购的经济后果及背后的作用机制，并检验了上述影响在不同情境下的差异，不仅在一定程度上弥补了已有研究的不足，还丰富了企业海外并购经济后果领域的相关文献。

第二，已有文献关于海外并购经济后果结论不一致的原因，除了数据和方法的迥异，以及调节因素的不同外，并购动机和并购行业的差异也是重要原因（Desyllas and Hughes，2010；吴先明、马子涵，2022）。如一些企业进行海外并购是为了获取先进技术和拓展海外市场，另一些企业进行海外并购是为了扩大企业规模，强化市场势力，还有一些企业进行海外并购则是为了响应国家政策号召和贯彻国家战略（钟宁桦等，2019）。并购行业的相关性会影响并购双方知识库的融合程度，以及主并企业对标的企业知识、技术和资源的吸收整合能力。并购动机和并购行业的复杂性一方面使得研究者难以简单地从单一维度来衡量企业海外并购的效果，另一方面也对回答海外并购是否有利于提升创新水平和投资效率造成了困难。由于环保企业海外并购的对象也属于环保产业，本书选择环保企业作为研究对象，可以在一定程度上排除并购行业异质性的干扰。同时，不同于其他企业海外并购动机的复杂性，环保企业进行海外并购的主要目标是获取先进的环境技术和拓展国内外环保市场。这为我们区分海外并购类型并分别检验不同类型海外并购的效果提供了极佳的机会，对于厘清现有文献的分歧也有所裨益。

第三，本书丰富并拓展了企业创新、投资效率和企业价值影响因素的相关研究。现有文献多关注公司治理、高管特征、融资环境、政策支持以及经济政策不确定性等对企业创新、投资效率和价值创造的影响，对海外并购的影响则缺乏应有的关注。本书基于近年来环保企业海外并购的特征事实及相关数据，系统考查了海外并购对环保企业创新水平、投资效率和价值创造的影响效应、作用机理及情境差异，丰富并补充了相关领域的研究成果。

（二）现实意义

第一，环保企业的高质量发展对于推动生态文明建设和经济绿色低碳转型具有重要支撑作用，在我国环保企业发展较慢、科技水平不高的背景下，如何加快推动环保企业做强做优做大，已经成为社会层面的重要议题。本书的研究结论表明，政府在鼓励和支持环保企业积极"走出去"的同时，也要采取适当的措施，加强对外投资的监管力度，规范和引导环保企业理性并购。同时，政府还要积极推动各地区的市场化进程，从财政、税收和金融等多角度加大对环保企业的支持力度。对环保企业自身而言，在响应国家政策号召、积极实施海外并购的同时，要努力提升自身的吸收能力、跨文化整合能力和内部治理水平，以便有效地对并购资源进行吸收和整合，从而在更大程度上发挥海外并购的跳板作用。这为利用环保企业的高质量发展助推"双碳"目标如期实现提供了重要启示。

第二，近年来，环保产业海外并购浪潮，尤其是一些环保企业海外并购的效果不佳引起了资本市场的广泛质疑。本书根据环保企业海外并购的目标，将海外并购区分为技术导向型海外并购和市场导向型海外并购，并依次检验了技术导向型海外并购对创新水平的影响、市场导向型海外并购对投资效率的影响，以及海外并购整体的长短期价值创造效应。这不仅为投资者、债权人、客户、供应商等外部利益相关者合理评估环保企业海外并购的效果并作出合理的投资决策提供了完整的视角，也为环保企业根据自身能力和资源禀赋作出科学的并购决策提供了参考和借鉴。

第二节　研究目标、研究内容与研究方法

一、研究目标

本书基于 2012 年以来环保产业海外并购风起云涌的特征事实，利用 A 股上市环保企业数据，根据其海外并购的目标，将海外并购活

动区分为技术导向型海外并购和市场导向型海外并购，分别探讨不同类型海外并购活动的效果及背后的作用机理，并进一步分析海外并购整体上是否为环保企业创造了价值。具体而言，本书着重探讨如下几个问题：（1）技术导向型海外并购是否有利于环保企业创新水平的提升，尤其是创新质量的提升？如果答案是肯定的，其背后的作用机制是什么？（2）市场导向型海外并购如何影响环保企业的投资效率？具体体现在过度投资还是投资不足上，或是两者兼有？这种影响在不同情境下是否存在差异性？（3）环保企业海外并购是否具有价值创造效应？如果有，这一效应究竟是短期的还是长期的？不同类型海外并购的价值创造效应是否又存在差异呢？本书对这些问题进行探讨，旨在全面评估环保企业海外并购的效果，并为环保企业未来更好地"走出去"提供启示和借鉴。

二、研究内容

本书基于 A 股上市环保企业数据，通过构建多时点双重差分模型，实证检验技术导向型海外并购对环保企业创新水平的影响、市场导向型海外并购对环保企业投资效率的影响，以及海外并购对环保企业价值创造的影响，进而从多维度综合评估环保企业海外并购的经济后果。本书的研究内容与结构安排如下：

第一，导论部分。首先介绍本书的研究背景并阐述本书的主要研究问题，以及相应的理论意义和现实价值；然后针对研究问题提出具体的研究思路和研究框架。

第二，文献综述与理论基础部分。首先，对海外并购的经济后果、创新水平、投资效率和企业价值的影响因素等进行文献述评，突出本书研究的理论贡献和现实意义。其次，介绍与本书研究密切相关的重要理论，主要包括资源基础理论、组织学习理论、跳板理论和委托代理理论，并结合各种理论的基本内涵简单分析该理论在本书研究中的适用性。

第三，环保企业发展和海外并购现状分析部分。首先，根据《2021中国环保产业发展状况报告》等相关文件，总结归纳出当前我国环保企业的发展现状、存在问题和未来发展趋势等。然后，针对环保企业海外并购的特征事实，从并购目标、并购领域、并购地区，以及并购案例的年度变化趋势等，总结出我国环保企业海外并购的基本特征。

第四，技术导向型海外并购与环保企业创新水平部分。首先，利用双重差分模型实证检验技术导向型海外并购对环保企业创新水平，尤其是创新质量的影响，并分析高管海外经历、企业吸收能力和政府支持力度的调节作用。其次，基于产权性质、融资约束和地方知识产权保护水平等不同场景，实证检验技术导向型海外并购对环保企业创新水平影响的异质性。最后，还检验了技术导向型海外并购影响环保企业创新水平的具体作用机制，即通过提升环保企业的研发效率而提高其创新水平。

第五，市场导向型海外并购与环保企业投资效率部分。首先，利用双重差分模型实证检验市场导向型海外并购对环保企业投资效率的影响，并考查公司治理水平、外部监督强度和地区市场化进程对这一影响的调节作用。其次，基于高管特征和企业特征的异质性，分析高管海外经历、高管过度自信和企业产权差异、政府补助多寡对上述影响的区别。最后，证实了市场导向型海外并购主要通过影响环保企业的投资机会和代理成本而提升其投资效率。

第六，海外并购与环保企业价值创造部分。首先，利用事件研究法发现海外并购没有对环保企业的短期价值产生影响；进一步利用双重差分模型考查海外并购对环保企业长期价值的影响，结果显示海外并购整体上没有显著提升环保企业的财务绩效，但是对环保企业的市场价值产生了显著的正向影响。其次，区分了不同类型海外并购活动对环保企业价值影响的差异；进一步检验了在企业产权性质、融资约束和地方市场化进程存在差异的情况下，海外并购对环保企业长期市场价值影响的异质性。最后，发现海外并购主要通过规模经济效应、投资协同效应、治理协同效应和市场营销资源协同效应提升环保企业的长期市场价值。

第七，研究结论和政策建议部分。首先，针对上述实证检验与分析，总结出相应的研究结论。其次，针对研究中存在的问题，指出不足和未来可进一步改进的方向。再次，根据现有研究的不足和贡献，凝练出创新点。最后，从政府层面和企业层面提出相应的政策建议，以便为后续有效引导环保企业理性并购和更好地发挥海外并购的跳板效应提供参考。

三、研究方法

为了合理评估环保企业海外并购的效果，本书在参考已有研究的基础上，主要采用三种研究方法：

第一，文献分析方法。已有文献反映了该研究领域当前取得的成果和存在的不足，能够为本书的研究提供大量有价值的信息。鉴于此，本书在确定选题和研究思路前，对环保企业、海外并购、企业创新和投资效率等方面的相关文献进行了梳理、归纳和总结，在充分了解已有研究的最新进展以及存在的不足的基础上，明确了本书的研究方向和研究意义。在此基础上，制定了具体的研究思路和研究框架，分别探讨技术导向型海外并购与环保企业创新水平、市场导向型海外并购与环保企业投资效率，以及海外并购与环保企业价值创造之间的关系及作用机理。

第二，理论研究方法。合适的理论对后续研究的顺利开展具有重要的指导意义。鉴于此，本书在文献分析的基础上，结合研究的具体内容，选取资源基础理论、组织学习理论、跳板理论和委托代理理论为切入点，从理论上分析了不同类型海外并购活动对环保企业创新水平、投资效率以及价值创造的影响，并进一步分析和检验了这一影响背后的作用机制及异质性表现。

第三，实证研究方法。实证研究的充分可靠是检验理论分析准确性的重要保障。在进行具体的实证检验之前，首先，本书通过《2021中国环保产业发展状况报告》、东方财富、国泰安数据库、雪球网、同花顺、大智慧等文件和网站获取了A股上市环保企业名单，以及相关环保企业进行海外并购的详细数据。其次，运用描述性统计和单变量检验分析了环保企业创新水平、投资效率和企业价值的变化趋势及分布特征。再次，本书将进行过海外并购的环保企业定义为处理组，将从来没有进行过海外并购的企业定义为对照组，通过构建多时点双重差分模型（DID）检验海外并购对环保企业创新水平、投资效率以及价值创造的影响。此外，本书还运用动态效应模型、倾向得分匹配、Heckman两阶段模型和安慰剂检验等方法验证了结论的稳健性。最后，本书借鉴温忠麟等（2005）的中介效应检验方法，检验了海外并购影响环保企业创新水平、投资效率以及价值创造背后的作用机理。

第三节　研究思路和研究框架

一、研究思路

2020年中国"双碳"目标的提出，进一步凸显了环保企业对于经济绿色低碳转型的重要支撑作用，由此，探讨如何推动环保企业做强做优做大的话题极具现实价值。与此同时，我们注意到，近年来，环保企业一度迎来了海外并购的井喷期，中国天楹收购全球环境保护及固废治理龙头企业 Urbaser 公司、天翔环境 80 亿元"海外并购三连击"等海外并购案例一度引发了行业轰动和资本市场热议。然而，这些海外并购活动的效果如何？环保企业是否实现了并购目标？海外并购是否为环保企业创造了价值？遗憾的是，迄今为止，鲜有文献从大样本角度实证检验这些问题。鉴于此，本书运用 2010—2021 年 A 股上市环保企业数据，从创新水平、投资效率和企业价值三个维度综合考查环保企业海外并购的经济后果。具体地，本书主要的研究思路如下：

第一，系统梳理海外并购领域的相关文献、环保企业的发展现状和海外并购现状，以及相关的制度背景，经过综合考虑，确定本书的理论背景与现实背景，并据此提出本书的核心研究问题：（1）技术导向型海外并购是否有利于提升环保企业的创新水平，尤其是高质量创新水平？（2）市场导向型海外并购能否提升环保企业的投资效率？其背后的作用机制是什么？（3）海外并购整体上是否为环保企业创造了价值？如果答案是肯定的，这种价值创造效应主要体现在短期还是长期？不同类型海外并购活动的价值创造是否存在差异？

第二，本书通过《2021 中国环保产业发展状况报告》、东方财富、雪球网、大智慧、百度股市通五个渠道整理出 A 股上市环保企业名单；同时，从国泰安数据库、东方财富并购重组库和上市公司年报中获取了环保企业海外并购的数据，并手工对这些数据进行了验证、补充和删除，最终确定了一套完整准确的海外并购数据。此外，本书还针对这些数据进行了统计和分析，从而对当前我国环保企业的发展现状和海外并购现状有了一个大致的了解。

第三，综合利用多时点双重差分模型、事件研究法、倾向得分匹配、Heckman两阶段模型和安慰剂检验等方法对上述研究问题依次进行论证，并对重要模型的回归结果进行分析。

第四，在总结研究结论的基础上，指出本书研究的不足以及未来可进一步完善的方向，并从政府层面和企业层面提出针对性政策建议。

二、研究框架

本书的研究框架如图1-1所示。

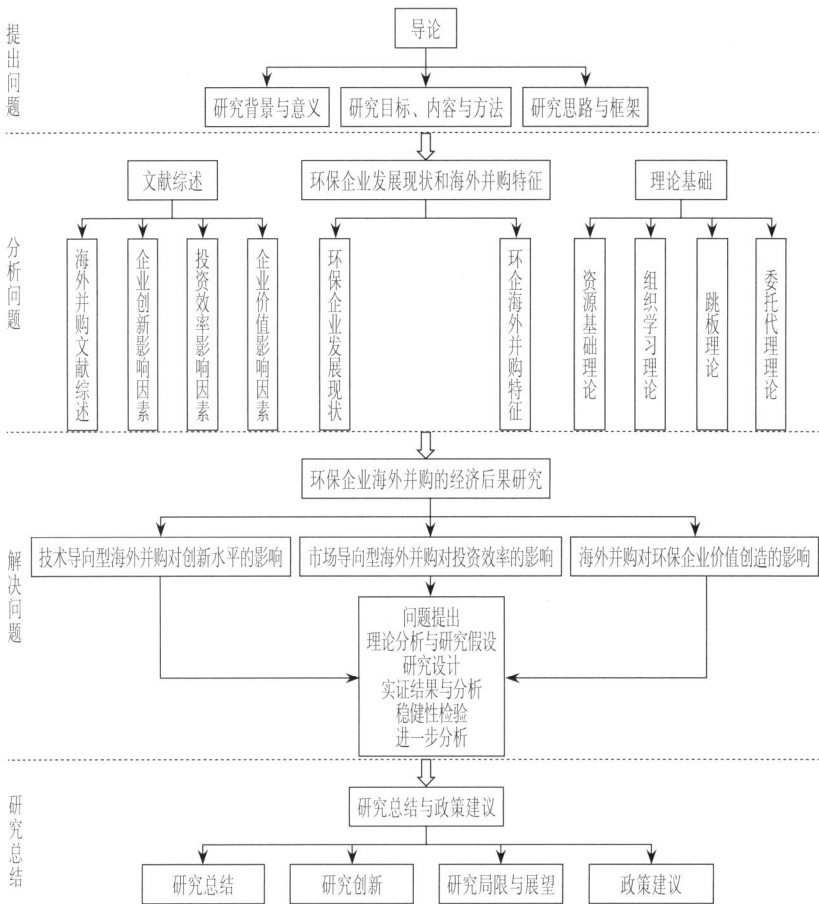

图1-1　本书的研究框架图

第二章

文献综述与理论基础

第一节 文献综述

一、海外并购的动机、影响因素和经济后果

（一）企业海外并购的动机

传统的国家贸易文献一般将企业海外并购的动机划分为三类：资源获取动机、战略资产寻求动机和市场寻求动机（刘青等，2017）。资源是经济增长的基础。随着一国经济的快速发展，国内自然资源的消耗日益严重，部分资源供给渐趋紧张且价格不断提高，为了保障能源资源的稳定供给，部分企业通过海外并购积极探索国际市场，从而利用不同市场制度和不同经济发展主体之间的价格差异，使目标企业所在地区成为廉价的能源资源供应基地。战略资产指技术、品牌和创新能力等能够为企业带来利润和竞争优势的特定资源或能力，这类资产通常很难通过交换或模仿得到，资产专用性较强，新兴市场国家企业寻求的战略资产一般很难在本国或类似市场获得，因而通过海外并购进入发达国家市场寻求相应的战略资产，尤其是先进的技术和知识，已经成为中国等新兴市场国家企业常见的策略。市场寻求型海外并购主要是为了拓展海外市场和业务，规避贸易壁垒和进入障碍，尤其是在国内市场渐趋饱和和行业竞争日益激烈的情况下，市场寻求型海外并购既能扩大企业的海外业务规模，又能提升企业的品牌影响力和市场知名度，最终增强企业的竞争优势。

众多文献利用不同国家的企业数据论证了上述三种并购动机。Pak 和 Park（2005）发现，日本企业在欧美发达国家投资主要是为了获取知识和技术等战略资产，而在中国等亚洲国家投资主要是为了获取廉价的原材料和劳动力。Buckley 等（2012）发现，印度企业更倾

向于到发达资本市场展开并购，从而获取市场和先进的技术资源。Karolyi 和 Liao（2017）通过对比全球私有企业并购与政府主导型并购发现，丰富的自然资源是影响两类并购的重要共同因素。宋林和彬彬（2016）发现，我国企业海外并购的动机与企业自身特征紧密相关，国有企业、大规模企业和资产负债率较低的企业进行海外并购主要出于技术与资源动机，而民营企业和资本收益率高的企业更多地出于战略资产与市场动机。刘青等（2017）基于广延边际与集约边际的视角检验了我国企业海外并购的动机，他们发现，我国企业海外并购表现出市场寻求、矿产金属资源寻求以及战略资产寻求特征。王道等（2022）的研究表明，中国企业海外并购呈现出明显的市场寻求、资源寻求和战略资产寻求动机，且中国企业海外并购在资源寻求和市场寻求方面，与美国企业没有显著差异。

（二）企业海外并购的影响因素

纵观已有文献，关于企业海外并购影响因素的研究主要涉及国家层面因素和企业层面因素。国家层面因素包括经济环境、正式制度、非正式制度和地理距离等，企业层面因素则包括产权性质、企业规模和高管特征等。下面我们分别从国家和企业两个层面对企业海外并购的影响因素进行梳理。

1.国家层面因素

经济环境包括宏观经济和金融市场环境，经济环境的好坏直接影响企业海外并购的频率与成功率。已有研究显示，经济越繁荣，母国经济发展水平越高，企业海外并购的频率也越高（Vasconcellos and Kish，1998；Resende，2008）；而在经济萧条时期，企业海外并购的数量就明显下降（Kang and Johansson，2000）。经济政策的不确定性通常会使企业作出延迟投资的决定，从而抑制企业海外并购（Sun et al.，2022；蒋墨冰等，2021）。但是，也有研究显示，母国经济政策不确定性和东道国经济政策不确定性会对海外并购产生截然相反的影响，前者会推动企业海外并购，后者则会抑制企业海外并购（Li et al.，2021）。任曙明等（2021）发现，在国内经济政策不确定性上升时，出于成长对冲和风险对冲动机，企业倾向于使用海外并购来替代本土并购。贸易摩擦作为影响宏观经济环境稳定性的重要因素，也会对海外并购的完成率产生影响。孙文莉等（2016）的研究显示，贸易摩擦会显著降低中国企业在发达国家海外并购的成功率，但是会微弱刺激中国企业在发展中国家进行并购活动。同时，国内股票市场价格指数越高、货币供给量越多，企业进行海外并购的意愿也会越强烈（Baker et al.，2009；贾宪军、胡海峰，2018）。此外，还有研究发现，汇率水平、利率水平和通货膨胀率等也会对企业的海外并购意愿产生影响（Uddin and Boateng，2011；Lee，2013；孙文莉等，2016）。

正式制度包括法治环境、投资者保护水平、政府效率、监管环境、政治稳定性、腐败程度、社会公众话语权和问责制等内容，对企业海外并购的意愿和成功率具有重要影响。一般而言，东道国的投资者保护水平越高，民主和政治自由化程度越高，其对外商直接投资的吸引力越强（Harms and Ursprung，2002；Rossi and Volpin，2004）。东道国政府的清廉程度越高、治理能力越强、腐败程度越低，以及政府对经济的干预程度越低，越能促进外资企业的海外并购（Globerman and Shapiro，2002；Dinc and Erel，2013；Alquist et al.，2019）。Cao等（2019）将全国选举作为外生变量考查了政治不确定性对海外并购的影响，发现东道国的政治不确定性会显著阻碍外资企业海外并购的数量和成功率。一些学者考查了中国制度环境与东道国制度环境的差异对企业海外并购成功率的影响，发现中国与东道国的制度距离越大，企业海外并购的成功率越低（阎大颖，2011；贾镜渝、李文，2016）。徐旸煖和姜建刚（2014）的研究表明，东道国法治化程度提高对我国企业的对外直接投资水平具有促进作用，而民主化程度提高对民营企业和自然资源行业的对外直接投资水平具有抑制作用。李诗和吴超鹏（2016）基于政治视角考查了影响中国企业海外并购成功率的因素，他们发现，中国与东道国的外交关系、东道国国民的诚信程度，以及中国与东道国的历史交战次数等，都会对中国企业海外并购的成功率产生显著影响。Ross（2016）、余娟娟和魏霄鹏（2022）的研究均表明，东道国良好的营商环境对于吸引外商直接投资和外资企业开展海外并购具有重要作用。此外，还有一部分研究者考查了双边投资协定和双边政治关系对企业海外并购的影响，他们发现，双边投资协定和双边政治关系对促进中国企业海外并购的意愿和成功率有明显的积极作用（韩永辉等，2021a；韩永辉等，2021b）。

非正式制度包括文化、价值观、社会规范和宗教信仰等，其对海外并购的影响已经得到了大量研究成果的验证。一般而言，两国之间的非正式制度距离越大，企业面临的外部合法性和内部合法性问题就越严重（Clark et al.，2010；Aleksanyan et al.，2021），海外并购的失败风险就更高（Boyacigiller，1990；阎大颖，2011），交易后的整合效率和吸收效率也更低。吴小节和马美婷（2022）的研究发现，母国和东道国之间的非正式制度距离会对海外并购绩效产生显著的负面影响。文化是非正式制度的最主要内容，大多数研究者认为，并购双方之间的文化距离越大，海外并购的失败风险也就越高（Very and Schweiger，2001；Dong et al.，2019；李德辉、范黎波，2022）。也有少数研究者发现，文化距离对海外并购的成功率并不存在显著影响（Gaffney，2012），甚至在一定条件下还有积极作用（李元旭、刘勰，2016）。左志刚和杨帆（2021）检验了东道国文化特质对海外并购失败风险的作用，结果显示，东道国文化宽容度、信任度与并购失败风险显著负相关，但是东道国的法治水平会削弱这种关系。陈武元等

（2020）、李青等（2020）检验了中国与东道国之间的文化交流对海外并购的影响，他们发现，以孔子学院和来华留学教育为代表的文化交流活动能够通过消除信息不对称、降低交易成本、提高文化认同感和降低投资风险等方式增强中国企业的海外并购意愿和并购成功率。此外，语言和宗教等也会对企业的海外并购活动产生一定的影响（Dow et al.，2016）。Suárez 和 Duarte（2013）研究表明，母国与东道国之间的语言距离越大，企业对外直接投资越倾向于采取绿地投资而非海外并购的方式。Lian 等（2021）发现，共同的官方语言、共同的口语和共同的母语对于促进中国企业的海外并购活动具有重要作用。Maung 等（2021）的研究表明，宗教信仰反映了公司董事和高管对风险的厌恶程度，宗教信仰多的国家进行的海外并购活动显著更少。

地理距离一般表示东道国首都和母国首都之间的距离（Dutta et al.，2013）。传统文献认为，两国之间的地理距离越大，投资双方之间的信息交流成本和信息交流的准确性受到的影响越大（Claessens and Van，2014；贾镜渝等，2015），从而限制了双方开展并购活动的可能性（Buch and Delong，2004）。Dikova 等（2016）使用欧洲国家的数据研究发现，地理距离对两国之间的并购交易概率存在显著的负向影响。但是，随着信息技术的不断发展和交通设施的不断完善，地理距离对企业海外并购意愿和区位选择的影响越来越小，甚至出现了"地理距离悖论"，即母国与东道国之间的距离越远，企业开展海外并购的可能性越大。Deng 和 Yang（2015）的研究表明，地理距离对自然资源寻求型海外并购的影响较弱。叶青等（2017）、甄琳等（2018）的研究发现，地理距离对中国企业海外并购的区位选择及规模决策没有明显影响。

除上述因素外，还有学者考查了其他国家层面因素对企业海外并购的影响。钟宁桦等（2019）发现，产业政策是推动中国企业利用海外并购进行产业转型升级的重要力量，并且受政策支持的企业支付了更高的并购溢价。蒋墨冰等（2021）发现，产业政策是中国企业呈现"逆势"并购特征的重要推动力。黄亮雄等（2018）考查了领导人访问对中国企业在共建"一带一路"国家进行海外并购的影响效应，结果显示，两国领导人访问显著提升了中国企业海外并购的成功率，且中国领导人的出访作用大于外国元首的来访作用。周丽萍和张毓卿（2019）考查了东道国交通设施对中国企业海外并购成功率的影响，结果表明，东道国交通设施的完善程度与中国企业海外并购的意愿和成功率呈显著正相关关系。

2.企业层面因素

关于产权性质对中国企业海外并购的影响存在两种观点：一种观点认为，国有企业的海外并购活动通常带有经济和政治双重目标，且更多的时候是在贯彻国家的战略和政策，并非完全的市场化行为（Pan et al.，2014），因而更容易受到东道国监管机构对其并购合法性的担忧（钟宁桦等，2019）。同时，国有企业政府干预式的管理体制和缺乏效率的运作，也容易引发东道国对其能否有效整合并购资源并获得良好经济效益的质疑（Meyer et al.，2014；Li et al.，2017）。东道国监管机构对中国企业国有身份的质疑和担忧往往导致国有企业的并购活动受到更严格的审查，甚至需要支付更高的并购溢价，并购完成率也更低。贾镜渝和孟妍（2022）的研究显示，国有企业的海外并购活动容易引起东道国监管机构漫长且不确定性极高的"推理"，从而降低国有企业海外并购的成功率，并延长并购完成时间。另一种观点认为，相较非国有企业，国有企业往往能享受更多的政府资源支持，具有更丰富的显性或隐性关系资本，这使得国有企业能够获取更多有价值的增量信息（贾镜渝、孟妍，2022）；加之国有企业具有更强的风险承担能力，这使得国有企业具备更强的海外并购能力，海外并购的规模和数量显著高于非国有企业。俞萍萍和赵永亮（2015）利用我国制造业企业海外并购的数据研究发现，国有身份显著增强了企业的海外并购倾向。然而，还有一些学者的研究得出了不一致的结论。如朱华（2017）发现，国有股权性质对企业海外并购的阻碍作用总体上不明显，只有在发达国家及敏感行业等特定情境下才会降低并购成功率，但是在发展中国家会提高并购成功率。潘志斌和葛林楠（2018）发现，国有股权性质对企业海外并购的意愿和规模没有产生明显影响。

随着高阶梯队理论的兴起和发展，大量研究开始关注高管在企业海外并购中的作用。高管的海外求学经历或海外任职经历一方面能够增强高管实施国际化战略的信心（Nielsen and Nielsen，2011），另一方面能帮助高管更熟悉海外国家的制度背景和文化习俗（杨娜等，2019），促使企业更好地识别投资机会以及更好地与海外企业和监管部门打交道，从而提升企业进行海外并购的倾向和成功率。Giannetti等（2015）的研究表明，高管具有海外背景的中国企业更倾向于发起海外并购。杨娜等（2019）发现，CEO 和 CFO 的海外经历可以显著缩短企业海外并购的完成时间。Xie 等（2019）考查了高管的海外经历对企业海外并购持续性的影响，他们发现，高管的海外经历总体上与海外并购的持续性显著正相关，且高管海外任职经历的影响程度强于高管海外留学的影响程度。高管的年龄与高管的风险承担意愿、职业忧虑度和过度自信水平紧密相关，进而影响企业的海外并购决策。刘烨等（2018）的研究发现，CEO 年龄整体上与企业的海外并购决策显著负相关，即越年轻的 CEO 越倾向于开展海外并购，而越年长的 CEO 越倾向于规避海外并购。Yim（2013）基于美国企业的数据亦发现了类似的结论。此外，邓路等（2016）的案例研究表明，高管的高等教育学历、经管类教育背景以及管理经验可能会强化其过度自信心理，进而提高企业海外并购的概率。王海军等（2021）考查了高管从政经历对国有企业海外并购的影响，他们发现，具有地方政府、中央政府工作经历的国企高管比同行更倾向于发起海外并购；而具有公检法部门、政府财经部门和政府监管部门工作经历的国企高管比同行更厌恶开展海外并购。

企业规模是影响海外并购的内生因素之一。相较小规模企业，大规模企业通常拥有更多的资金、更强的风险承担能力和更优厚的政策支持（张宏等，2014；俞萍萍、赵永亮，2015），加之大规模企业具有强烈的拓展海外市场以实施国际化战略的动机，大规模企业往往更积极地开展海外并购，且并购的成功率也显著更高。俞萍萍和赵永亮（2015）、朱华（2017）均发现，企业规模对中国企业海外并购的成功率存在显著的正向影响。宋林和彬彬（2016）发现，大规模企业更倾向于进行技术导向型和资源获取型海外并购。

此外，还有一些研究者考查了其他企业层面因素对海外并购的影响。Li等（2022）利用中国企业海外并购的数据研究发现，企业社会责任表现对海外并购的成功率具有重要促进作用。刘烨等（2018）考查了公司治理水平与海外并购的关系，他们发现，股权集中度与海外并购决策显著正相关，CEO持股比例与海外并购决策显著负相关，CEO的货币薪酬水平和公司的独董比例与海外并购决策没有显著关系。Ferreira等（2010）考查了机构投资者对海外并购的促进作用，他们发现，外国机构所有权与海外并购强度显著正相关。潘志斌和葛林楠（2018）考查了政治关联在海外并购中的作用，他们发现，政治关联不会影响企业海外并购的意愿，但是会显著影响并购交易规模。俞萍萍和赵永亮（2015）发现，资本密集度高和资产负债率低的企业进行海外并购的概率显著更高。宋林和彬彬（2016）发现，资产负债率低的企业更可能进行技术导向型和资源获取型海外并购，资本收益率高的企业更倾向于进行战略资产导向型和市场获取型海外并购。

（三）企业海外并购的经济后果

1.海外并购与企业创新水平

已有文献关于海外并购与企业创新水平的研究结论尚存在争议，主要存在"促进观"和"抑制观"两种对立观点。

"促进观"认为，海外并购可以通过三条途径提高企业的创新水平：第一，企业通过海外并购获取目标企业的先进技术和知识等资源，有助于丰富并购企业的知识库，激发并购企业的创新思维，从而提升并购企业的技术创新能力（Mathew，2006；李梅、余天骄，2016）。第二，海外并购的协同效应有利于研发成本的分摊和研发成果的反馈（Frey and Hussinger，2006；吴先明、张雨，2019），从而提升企业的研发效率。第三，企业通过海外并购获取目标企业先进技术资源，有利于引发"示范效应"和"竞争效应"，提高技术逆向溢出的可能性，进而有利于企业创新水平的提升（Stiebale，2013；Nocke and Yeaple，2017；孙江明、居文静，2019；周晶晶等，2019）。Chen等（2022）发现，海外并购后，研发投入的互补性促进了收购方和标的方研发投入的增加，且对收购方研发投入的影响大于对目标方的影响。Hsu等（2021）运用全球57个国家的海外并购数据检验发现，海外并购是低水平创新国家提高创新水平的重要策略，海外并购显著促进了低水平创新国家的专利产出和研发投入。Stiebale（2016）运用欧洲33个国家企业的数据，考查了海外并购对交易双方技术创新的影响，结果发现，海外并购增加了收购方企业的研发投入和专利申请，但是会减少子公司的研发投入。贺晓宇和沈坤荣（2018）以制造业上市公司作为研究样本，他们发现，海外并购显著提高了中国制造业企业的创新能力。尹亚红（2019）的研究发现，海外并购除了可以直接提高企业的技术创新能力外，还能间接通过研发经费与人力资本两条途径将逆向技术溢出效应转化为现实的生产能力，进而提升企业的创新效率。张文菲等（2020）发现，海外并购通过提高企业的研发效率，进而提升企业的创新水平。同时，也有文献指出，海外并购与企业创新水平的关系不能一概而论，需要结合具体情境进行分析。如李梅和余天骄（2016）发现，东道国制度发展水平对海外并购企业创新绩效有显著的正向效应，这种正向效应在企业吸收能力增强时会变得更加显著；但是当企业的国有股权比例较高时，东道国制度发展水平对企业创新绩效的正向效应会受到抑制。徐慧琳等（2019）发现，海外并购对企业创新的影响会受到东道国创新资源，以及并购企业吸收能力和跨文化整合能力的影响。

此外，还有少数文献考查了海外并购对企业创新质量的影响。如张文菲和金祥义（2020）检验表明，海外并购通过提升研发效率促进了并购企业的创新数量和创新质量。冼国明和明秀南（2018）研究发现，海外并购不仅显著提升了企业的发明、实用新型专利申请及发明授权数，还在一定程度上降低了外观专利的数量，这表明海外并购不仅有助于提升企业的创新数量，还有助于提升企业的创新质量。徐慧琳等（2019）研究发现，海外并购不仅促进了企业的创新投入和创新产出，还对创新质量产生了积极影响。吴先明和马子涵（2022）发现，海外并购主要通过提高产学研合作水平及加强海外子公司与消费者、供应商等之间的相互沟通与交流，促进了并购企业的创新质量。但是黄苹和蔡火娣（2020）的研究结果恰好相反，他们发现，海外并购仅促进了中国企业的创新产出规模，对创新质量反而存在明显的消极作用，即中国上市公司海外并购存在创新产出的量变，没有发生创新"质变"。胡潇婷等（2020）基于2008—2017年中国A股上市制造业企业的样本，通过构建PSM+DID模型检验发现，海外并购对中国企业的整体创新水平确实有促进作用，但是仅提升了其利用式创新水平，对技术含量更高的探索式创新并无显著影响。

"抑制观"认为，海外收购高技术含量企业使得母公司能够在较短的时间内获得前沿技术，大大缩短了前导时间并可以直接运用现有技术，从而降低了母公司的创新激励，抑制了企业的研发投入和创新水平（Cheung and Lin，2004；Ornaghi，2009；Szücs，2014；Federico et al.，2018）。Hitt 和 Ireland（1991）的研究指出，海外并购不利于企业创新，并且降低了企业的研发强度，减少了专利数量。Szücs（2014）利用 1990—2009 年 265 家收购企业和 133 家目标企业的数据研究发现，并购活动极大地降低了目标企业的研发努力程度，并且收购方的 R&D 强度也由于销售额的急剧增加而显著下降。Federico 等（2018）的模型清晰表明，在缺乏成本效率和知识溢出的情况下，并购活动会显著降低企业的创新激励。朱治理等（2016）基于 2004—2013 年中国上市公司数据研究发现，海外并购对主并企业的技术创新具有显著的负向影响。陈爱贞和张鹏飞（2019）发现，海外并购在一定程度上提升了并购企业的资产负债率，从而对企业的创新水平产生了负面效应。蔡翔等（2021）发现，第二产业的海外并购对母公司的技术创新呈现明显的抑制效应。

2.海外并购与企业价值

关于海外并购与企业价值的相关研究也得出了不一致的结论，主要存在三种观点，分别是"促进观""抑制观""不确定性观"。

"促进观"认为，海外并购带来的协同效应，包括规模经济和范围经济、研发和战略资源协同、市场营销资源协同和管理协同效应等（Blonigen and Pierce，2016），既可以通过降低生产成本和提高产品价格，从而增强企业的市场竞争能力而提升企业绩效（蒋冠宏，2022），又可以通过增强企业的技术创新能力和公司治理水平而提升企业价值（赵海龙等，2016）。Danbolt 和 Maciver（2012）利用英国企业海外并购的数据研究发现，海外并购能够为收购企业和标的企业股东创造财富，具有短期价值创造效应。Salaber 等（2013）评估了中国和印度企业海外并购的价值创造效应，并证实了这些并购活动为股东创造了大量的财富。Yoon 和 Lee（2016）运用新兴市场企业海外并购的数据考查了技术导向型海外并购的价值创造效应，他们发现，目标公司拥有的专利数量对收购方的股票绩效产生了明显的积极影响。Nowiński（2017）利用波兰公司的数据，亦提供了海外并购具有价值创造效应的经验证据。危平和唐慧泉（2016）检验了海外并购的财富效应，他们发现，海外并购虽然能为并购企业股东创造财富，但是财富效应要小于国内并购。宋林等（2019）利用我国 A 股上市公司数据研究发现，海外并购显著促进了企业全要素生产率提升和盈利状况改善。吴先明和张玉梅（2019）实证检验了国有企业海外并购对企业价值的影响，他们发现，海外并购提升了企业的综合价值，但是存在至少 5 年的滞后期；对企业盈利能力的影响呈现出显著的积极影响。

"抑制观"认为，中国与东道国之间的制度差异和文化差异等因素会在外部合法性和内部合法性等方面影响并购后的整合效率、吸收效率和组织重构效率（孙淑伟等，2018；吴小节、马美婷，2022），从而降低企业的投资效率（任曙明等，2019），损害企业的长期绩效和价值（Moeller et al.，2005；Chakrabarti et al.，2009）。Liu 等（2021）比较了中国企业海外并购与国内并购对财务绩效影响的差异，结果表明，海外并购整体上没有改善企业的财务绩效，国内并购的效果显著更好。Sun 和 Xie（2021）发现，与国内并购相比，海外并购并没有显著提高企业的劳动生产率和全要素生产率。樊秀峰和李稳（2014）基于 2009 年的海外并购数据研究发现，海外并购在整体上并未改善上市企业的财务绩效。顾露露等（2017）考查了海外并购过程中中国企业全现金支付与并购绩效的关系，他们发现，中国企业的全现金支付和并购绩效显著负相关，并且这一关系在高科技企业和国有企业体现得尤为明显。李云鹤等（2018）考查了民营企业海外并购的短期市场价值效应，结果发现，我国民营上市企业的海外并购总体上没有为股东创造积极的短期市场价值。

"不确定性观"强调，海外并购与企业绩效的关系不能一概而论，主要取决于相关因素的影响，如海归高管的人数（周中胜等，2020）、高管团队的并购经验（吴建祖、陈丽玲，2017）、东道国宽容信任的文化特质（左志刚、杨帆，2021）等因素均有助于提升海外并购绩效；相反，制度距离（吴小节、马美婷，2022）、文化距离（孙淑伟等，2018）、董事会过度自信（刘柏、梁超，2017）以及国内市场势力（杨波、万筱雯，2021）等因素均会降低企业的海外并购绩效。Ahammad 和 Glaister（2011）检验了文化距离对英国企业海外并购绩效的影响，他们发现，文化距离会通过限制沟通、交流而抑制并购绩效，但是在特定情境下，又会通过加强交流、学习而对并购绩效产生积极作用。此外，在时间维度上，海外并购对企业短期绩效的影响和对长期绩效的影响也存在差异。Ding 等（2021）利用中国上市企业海外并购数据检验发现，海外并购在短期内为股东创造了价值，但是在长期内并没有提升企业的资产回报率。

3.其他方面

除创新水平和企业价值外，还有一些学者考查了海外并购对企业其他方面的影响。从公司治理视角，Ding 等（2017）考查了海外并购对中国企业盈余质量的影响，他们发现，对发达国家标的企业的收购能够显著提升中国企业的盈余质量，但是对新兴市场国家企业的收购没有类似影响。Purayil 和 Lukose（2022）利用印度企业的数据检验了海外并购对盈余管理的影响，结果显示，海外并购能够通过抑制应计盈余管理而降低企业的盈余管理程度。赵海龙等（2016）、徐慧琳等（2020）均发现，海外并购能够提升中国企业的公司治理水平。从企业风险视角，项代有（2015）发现，海外并购总体上会降低企业的财务风险。王喆和蒋殿春（2021）发现，海外并购会显著增加企业盈利的波动性，表明海外并购会增大企业的风险。此外，Chen等（2023）研究了中国企业的海外并购对其企业社会责任表现的影响，结果显示，为回应不同利益相关者的需求并提高企业声誉，海外并购会显著提高企业的社会责任绩效和企业社会责任支出。

二、企业创新的影响因素

企业是否进行创新受其创新意愿和创新能力两个方面的影响，现有文献围绕这两个方面对企业创新的影响因素进行了较为深入的研究。

（一）创新意愿

从创新意愿视角看，高管的创新态度和创新积极性尤为关键。但是企业创新是一项周期长、风险高、不确定性大且外部性强的投资活动，对于偏好确定收益和具有风险厌恶特性的高管而言，开展创新活动的私人成本远超私人收益，因此高管往往会放弃创新这种高风险、高收益的项目，转而选择低风险、低收益的保守型项目（Edmans and Manso，2011；唐国平、孙洪锋，2022）。已有文献主要从代理问题视角分析，探讨了股权结构（Mathers et al.，2020；朱冰等，2018；郑志刚等，2021；任广乾等，2022）、机构投资者（Gao et al.，2019；赖黎等，2022）、董事会（Balsmeier et al.，2017；An et al.，2019；Griffin et al.，2021；陈修德等，2021）、员工激励（Edmans and

Manso，2011；Cai et al.，2022；叶永卫等，2022）、产品市场竞争（Aghion et al.，2005；王薇等，2022）、证券分析师（Stone，2016；Guo et al.，2019；韩美妮等，2021；黄志宏等，2022）、媒体报道（Dai et al.，2020；杨道广等，2017）、反收购条款（Chemmanur et al.，2018；徐明亮、张蕊，2021）、外部监管（马百超、古志辉，2021；凌鸿程等，2022）、诉讼风险（Hassan et al.，2021；潘越等，2015）等各种内外部公司治理机制对企业创新的影响。此外，还有一些研究者分析了知识产权保护对企业创新激励的促进作用。如 Fang 等（2017）研究了知识产权保护如何影响中国企业在私有化前后的创新水平，他们发现，加大知识产权保护力度增强了企业的创新动力，强化了私有化对企业创新的提升作用。何欢浪等（2022）、徐扬和韦东明（2021）、尹志锋等（2022）的研究结果亦表明知识产权保护对企业创新具有积极作用。

随着行为金融学的兴起和发展，不少学者开始关注高管在企业创新中的作用，尤其是高管个人特征及行为经历对企业创新意愿的影响。Hirshleifer 等（2012）发现，CEO 过度自信的特质有助于提高其风险承担水平，进而增加了企业的创新产出数量。Sunder 等（2017）发现，拥有飞行员资历的 CEO 更具风险承担精神和冒险精神，进而有助于提升企业的研发效率和创新水平。Ham 等（2018）利用签名大小衡量 CEO 的自恋程度，他们发现，自恋型 CEO 往往会进行更多的研发活动。Ren 等（2021）利用中国上市企业样本考查了家乡 CEO 对企业创新的影响，结果显示，家乡 CEO 具备长远眼光，风险承担意愿更强，且更容易获得董事会的支持，进而更有利于企业创新。张信东和郝盼盼（2017）认为，早年有饥荒经历的 CEO 因其更加保守而阻碍了公司创新。赵西卜和杨丹（2020）发现，董事长、CEO 的部队经历均显著提升了企业的创新效率，并且这种提升效应在产品市场竞争较激烈时更加显著。袁军等（2022）的研究表明，高管的技术背景有助于企业研发补贴的合理配置，进而对企业创新产生促进作用。

（二）创新能力

从创新能力视角看，充足的资金支持对企业创新发挥着决定性作用。已有文献主要探讨了企业创新资源获取对企业创新的影响，如通过集团化经营下的内部资本市场运作（蔡卫星等，2019；谢获宝、丁龙飞，2019）、利用营运资本的平滑功能（Brown and Petersen，2011；鞠晓生等，2013）、发展银行关系和协会关系（陈爽英等，2010；胡璇和陆铭俊，2021；李婷婷等，2022）、获取政府补助和税收优惠（Czarnitzki and Hussinger，2004；邓卫红，2021；陈利等，2022；马海涛和贺佳，2022）、增强供应链关系（Chu，2019；龚强等，2021；杨金玉等，2022）等方式，提升企业获取资源的能力，从而促进企业的创新水平和创新可持续性。同时，还有一些文献考查了企业自身特征对创新能力的影响，如抵押品增值（Mao，2021）、会计信息质量（Chircop等，2020；蒋瑜峰，2014；张多蕾、邹瑞，2021）、企业性质（Zhang et al.，2003；张超、许岑，2022）、企业规模（Schumpeter，1942；周黎安、罗凯，2005）和融资约束（张璇等，2017；安磊等，2022）等。

此外，还有一些文献认为，制约公司创新能力的因素不仅包括资金支持，还包括知识和智力等因素的支撑（Cohen and Levinthal，1990；Hottenrott and Peters，2012）。Ghisetti等（2015）的研究表明，企业知识来源的广度对创新水平的提升具有重要作用。Chemmanur等（2019）发现，高管团队的管理质量是企业创新的重要决定因素。王营和张光利（2018）将董事网络视作专利知识传播的载体，他们发现，董事网络能够提高民营企业的创新能力及创新质量。姚立杰和周颖（2018）、蔡庆丰等（2022）均发现，高管能力是影响企业研发效率和创新能力的重要因素。毛其淋（2019）发现，外资引入带来的研发能力提升促进了企业创新。异质性知识有利于企业汲取交叉学科、跨领域的知识与经验，更容易催生新的创新想法和创新方案，并促进企业对现有市场、技术以及创新的理解，在避免技术创新锁定效应的同时，提升企业技术创新的灵活性和持续性（Tsai et al.，2014；于飞等，2021）。Gauthier 和 Genet（2014）、王娟茹等（2020）的研究均表明，异质性知识能够减少企业技术创新的不确定性，克服自身资源和能力的不足，从而提升企业技术创新成功的概率。

三、企业投资效率的影响因素

代理问题和信息不对称是影响企业投资效率的重要原因（Jensen and Meckling，1976；Myers and Majluf，1984；Jensen，1986；Fazzari et al.，1988），已有文献围绕代理问题和信息不对称对企业投资效率的影响展开了丰富研究。基于此，我们分别从代理问题和信息不对称两方面对企业投资效率的影响因素展开综述。

（一）代理问题影响投资效率的研究

随着现代企业制度的建立，所有权和经营权的分离使得公司受托者与委托者，即管理层与股东之间普遍存在代理问题（Jensen and Meckling，1976）。Fama 和 Jensen（1983）、池国华和邹威（2014）认为，管理层与股东之间的代理问题是影响企业投资效率的根本原因。代理问题对投资效率的影响主要体现在两个方面：一是管理层基于自身利益考量而进行的"帝国构建"等过度投资行为。例如，管理层为扩大企业规模、追求声誉提升、控制更多的资源或实现任期内良好的业绩表现，通常会盲目地过度投资，甚至会选择投资净现值为负的项目，从而造成企业资源浪费（Jensen，1986；辛清泉等，

2007）。二是管理层追求安逸、平静的生活引致的投资不足。例如，管理层为降低工作强度和及时享乐，会主动放弃一些净现值为正的项目，从而导致企业丧失优良的投资机会并造成资源闲置（Bertrand and Mullainathan，2003；王玉涛等，2022）。

一方面，已有文献从"帝国构建"、堑壕效应、声誉提升以及享乐主义等管理层私利动机角度对非投资效率问题展开了大量研究（Hart and Moore，1995；Bertran and Mullainathan，2003；Davidson，2005）。例如，Bertrand 和 Mullainathan（2003）发现，管理层追求安逸生活的享乐主义减少了企业正常的投资活动，进而造成企业生产力和盈利能力的损失。李培功和肖珉（2012）发现，国有企业 CEO 的任期与企业过度投资显著正相关。张建勇等（2014）发现，媒体的正面报道会助长高管的过度自信心理，从而降低企业的投资效率。李苗和李村璞（2021）发现，高管薪酬攀比心理会引发企业的非效率投资行为。另一方面，已有文献基于公司治理机制，考查了如何缓解代理问题，进而改善企业的投资效率。具体而言，这类文献发现董事会治理（徐明亮、袁天荣，2018；赵娜等，2019；黄思宇、栾中玮，2022）、机构投资者（尚航标等，2022；冯晓晴、文雯，2022）、分析师预测（Choi et al.，2020；陈婧等，2018）、大股东治理（余怒涛等，2021；王玉涛等，2022）、高管薪酬激励（郑玲、周晓雯，2019；程新生等，2020）以及良好的外部治理环境（李延喜等，2015）等内外部治理机制均会对企业的投资效率产生积极影响。此外，还有一些文献研究了高管海外经历（代昀昊、孔东民，2017）、高管能力（姚立杰等，2020）、高管自信（刘艳霞、祁怀锦，2019）、名人 CEO 和 CEO 多元化职业经历（Hu and Liu，2015；林琳、赵杨，2022）、经济大萧条经历和从军经历（Malmendier et al.，2011）等高管个人特征对企业投资活动的影响。

（二）信息不对称影响投资效率的研究

信息不对称的存在会产生逆向选择和道德风险问题，从而影响企业的投资效率。Myers 和 Majluf（1984）认为，信息不对称会抬高企业的融资成本，导致企业在选择融资渠道时优先考虑内部融资，然后才是债务融资和权益融资。当企业通过发行股票融资时，投资者可能对企业的正常经营产生怀疑，相应地会要求企业折价发行，这会迫使企业放弃权益融资，使企业资金短缺并放弃净现值为正的投资项目，进而出现投资不足。同时，市场对新项目的价值估量通常是以市场均值的形式进行判断的，这就导致一些净现值为负的项目可能被市场高估，而信息不对称的存在使企业无法识别项目的真实价值，这可能引发企业的过度投资（Narayanan，1988；Heinkel and Zechner，1990）。此外，信息不对称也会影响企业的债务融资而导致非效率投资。一方面，在信息不对称条件下，债权人难以对债务人的真实经营状况和盈利信息进行有效评估，为保障自身利益不受损害，债权人往往会设定一系列的限制性条款来约束债务人的投资行为，进而增加债务人的融资成本，加剧企业的投资不足（Jaffee and Russel，1976）。另一方面，信息不对称也可能导致债权人高估债务人发行的劣质债券，从而降低债务人的融资成本，诱发债务人的过度投资。

Fama（1980）认为，股东与高管之间天然存在信息不对称，如果企业的薪酬激励机制不完善，高管的私利行为就很难被股东察觉和监督，从而产生非效率投资。Fazzari 等（1988）的研究发现，因信息不对称产生的融资约束会影响企业投资与现金流之间的敏感性，信息不对称程度越高，企业投资效率越低。Bae 等（2017）发现，审计师能够为客户公司提供更多的有用信息，从而缓解客户公司的信息不对称程度并提升客户公司的投资效率，这种提升效应在信息需求程度高的企业更为显著。屈文洲等（2011）基于事件研究法发现，信息不对称会降低企业的投资效率。罗付岩（2013）发现，银企关系会降低银行与企业之间的信息不对称程度，从而缓解企业的融资约束并改善企业的投资效率。曹春方和林雁（2017）发现，异地任职独立董事较多的上市公司信息环境较差，更可能产生过度投资问题。张平淡等（2020）基于《环境信息公开办法（试行）》研究发现，推动企业环境信息披露有助于缓解投资不足，这一作用在国有企业、两权分离度高的企业中表现得更为明显。陆蓉等（2022）发现，股指成分股调整降低了股价信息含量，提高了信息不对称程度，从而降低了企业投资效率。

四、企业价值的影响因素

关于企业价值的研究一直是学术界和实务界共同关注的重点，从已有相关研究来看，影响企业价值的因素主要包括内部因素和外部因素。鉴于此，我们分别从这两方面展开综述。

（一）内部因素

首先，完善的公司治理机制能够有效减少内部人的机会主义行为，从而减少企业的资源耗散，提升企业的资源配置效率和经营绩效。已有文献分别从股权结构与性质（Singh，2009；Wu et al.，2022；张建平，2016；李向荣、张洪宝，2021）、管理层与员工激励（Hochberg and Laura，2010；Raithatha and Komera，2016；郑贵华、陈蕾莉，2021；肖建华等，2022）、内部控制（崔九九，2021；刘娅、干胜道，2021）、董事会治理（李东升、杨荣，2020；许为宾、豆秋杰，2021）等角度考查了公司治理机制对企业价值的影响。其次，一些文献研究了高管个人特征对企业绩效的影响。如Brochet等（2021）发现，CEO任期与公司价值呈倒U形关系。Li等（2022）发现，高管的政治关联对企业绩效具有正向影响。杨汉明和赵鑫露（2019）发现，提高管理层能力能够提升企业的资源利用效率，从而改善企业绩效。纪春礼和李振东（2010）以中国国有控股制造业上市公司为样本，他们发现，管理层的学习能力、持股比例和年龄对企业国际化绩效有显著影响，但是，管理层薪酬对企业国际化绩效的影响并不显著。朱涛等（2022）发现，管理者人力资本特征中的教育程度、职称、任期以及年龄异质性、任期异质性与企业绩效关系显著，并且这些关系主要通过研发投入实现。再次，还有一些研究者认为，企业人员的流动性也会对企业绩效产生影响，人员流动改善了组织结构，增强了组织活力，为企业注入了新鲜血液，从而促进了企业绩效的提升（Liang，2009）。但是，也有研究者得出了不同的结论。如刘莉等（2022）发现，高管主动离职对企业绩效产生了负向影响，这一影响在民营企业中更为显著。此外，企业社会责任活动对企业价值的影响也受到了关注，但是研究结论莫衷一是。Manchiraju 和 Rajgopal（2017）发现，强制性企业社会责任活动会给企业带来社会负担，从而损害企业价值和股东财富。Buchanan 等（2018）发现，企业社会责任活动对企业价值的影响在金融危机前后存在显著差异。在金融危机爆发前，企业社会责任活动显著提升了企业价值；而在金融危机爆发后，企业社会责任活动显著降低了企业价值，并且上述关系与机构投资者持股水平显著相关。Baboukardos（2018）研究了环境绩效对企业价值的影响以及环境准备金的调节作用，结果表明，环境绩效对企业价值存在明显的正面效应，且环境准备金会显著增强这一效应。最后，一些学者讨论了企业创新活动对企业绩效的影响。如刘兴鹏（2022）基于广东省上市企业的数据研究发现，研发投入与企业价值呈现非线性关系，研发投入对企业价值存在明显的三重门槛效应。郑贵华和陈蕾莉（2021）发现，研发投入对企业财务绩效有显著的积极作用。

（二）外部因素

外部因素对企业价值的影响不容忽视，尤其是外部社会和经济环境、政府调控措施、政策扶持力度等均会对企业的决策产生影响，进而作用于企业绩效（Thomas et al.，1991）。邓美薇（2019）发现，经济政策的不确定性会对企业短期经营产生不利影响，但是会促进企业长期业绩的提升，并且这种关系呈现显著的地域和行业差异。户青等（2016）考查了货币政策对企业绩效的影响，结果表明，相对货币政策宽松期，货币政策紧缩对企业绩效具有显著的负面影响。荣凤芝等（2020）、姚维保等（2020）分别考查了政府补助和税收优惠政策对企业绩效的影响，结果发现，政府补助和研发费用加计扣除优惠总体上能够提升企业财务绩效。激烈的市场竞争环境也会对企业的经营绩效产生影响，尽管市场竞争加大了企业的生存压力和淘汰风险，但是也激发了企业的"求生欲"，并缓解了内部人的代理问题，从而促进了企业绩效的增长（Moradi et al.，2017；Liu et al.，2022；牛志勇等，2017；高磊等，2018）。在绿色发展战略下，不少学者考查了环境准入规则和环境规制力度对企业价值的影响，但是研究结论不尽一致。一部分文献发现，环境规制能够有效提升企业价值和财务绩效（Porter and Linde，1995；王丽萍等，2021；郭玲玲、石玮，2022）；另一部分文献显示，环境规制会在一定程度上损害企业绩效和降低利润率（Greenstone et al.，2012；张红凤等，2022；葛静芳等，2022）；还有一部分文献则发现，环境规制对企业价值的影响存在不确定性。Yang等（2022）考查了环境规制对中国企业全要素生产率的影响，结果显示，环境规制与企业全要素生产率呈现明显的U形关系。龙小宁和万威（2017）发现，环境规制对合规成本较低的大规模企业的利润率具有积极影响，但是对合规成本较高的小规模企业的利润率存在负面影响。

五、文献述评

从上述文献回顾中不难看出，既有文献对企业海外并购、企业创新、企业投资效率和企业价值等已经进行了大量探讨，尤其是关于海外并购对企业创新和价值创造的影响已经形成了一定的研究成果。综合来看，既有研究仍存在如下局限性：

第一，已有的关于海外并购经济后果研究结论不一致的原因，除了数据和方法的迥异以及调节因素不同外，并购动机和并购行业的差异也是重要原因（吴先明、马子涵，2022）。如一些企业进行海外并购是为了获取先进技术和拓展海外市场，另一些企业进行海外并购是为了扩大企业规模和增强市场势力，还有一些企业进行海外并购则是为了响应国家的号召和贯彻国家战略（钟宁桦等，2019）。并购行业的相关性会影响并购双方知识库的融合程度，以及主并企业对标的企业知识、技术和资源的吸收整合能力。并购动机和并购行业的复杂性一方面使得研究者难以简单地从单一维度来衡量企业海外并购的效果，另一方面也为回答海外并购是否有利于提升创新水平和投资效率增加了难度。现有研究大多忽视了企业海外并购动机和并购行业的异质性，往往将不同动机的海外并购纳入同一范畴来考查海外并购对某一维度的影响，较少有文献严格区分不同类型的海外并购并在此基础上进一步检验相应的并购效果。

第二，目前考查海外并购创新效应的研究多集中于发达国家，由于我国企业海外并购起步较晚，相关研究文献较少且结论莫衷一是（朱治理等，2016；张文菲等，2020）。同时，现有研究大多集中于海外并购对企业创新数量的影响，探究海外并购对企业创新质量的研究少之又少（吴先明、马子涵，2022），尤其是在我国环境专利申请量在国际上处于绝对领先地位，但是原创性技术数量少、"卡脖子"技术问题严重的情况下（中国环境保护产业协会，2022），探究技术导向型海外并购能否切实提升环保企业的技术创新质量显得更加关键。遗憾的是，目前鲜有文献关注海外并购对环保企业创新水平的影响。

第三，既有研究忽视了海外并购，尤其是市场导向型海外并购对企业投资效率的影响，仅任曙明等（2019）从组织重构和业务重构的不确定性视角，考查了中国企业海外并购与投资效率的关系。实践证据表明，市场导向型海外并购必然会引发企业后续大规模的业务延伸和项目投资，但是这些投资活动究竟是对投资机会的理性把握还是过度自信引发的盲目扩张，甚至是代理问题严重的体现？理论文献并没有给出明确的答案。这不仅难以合理评判市场导向型海外并购的效果，更无法有效识别市场导向型海外并购影响企业价值创造的具体传导机制。

第四，尽管不少文献考查了海外并购与企业价值的关系，但是这些文献主要基于事件研究法检验海外并购对企业股票收益率的影响，通过计算窗口期超常收益的方式来判断海外并购的价值创造效应（Yoon and Lee，2016；孙淑伟等，2017；李云鹤等，2018；吴小节、马美婷，2022）。这一方法虽然具有一定的合理性，但是也存在较大的局限性。正如吴先明和张玉梅（2019）所指出的那样，通过计算企业股票收益率的方式，可以判断股东或投资者对海外并购事件的反应，但是不能反映海外并购给企业创造的真实价值。鉴于海外并购是企业重要的战略行动，它往往在长期内才会对企业价值产生影响，因此，只有从长期价值的角度进行检验，才能准确评估海外并购的效果。同时，多数研究者对海外并购影响企业价值的作用机制缺乏讨论和检验，并且忽视了不同类型海外并购的差异性影响。

综上所述，既有的关于海外并购经济后果的研究虽然已经较为丰富，但是一方面尚未关注近年来环保企业海外并购的现实背景，缺乏对环保企业海外并购效果的深入探讨；另一方面在研究视角、研究内容和研究方法上仍存在一定的局限。鉴于此，我们手工搜集、整理了2012年以来环保企业海外并购的数据，并根据海外并购的目标将海外并购细分为技术导向型海外并购和市场导向型海外并购，分别考查技术导向型海外并购对环保企业创新水平的影响、市场导向型海外并购对环保企业投资效率的影响，以及海外并购对环保企业价值创造的影响，以期在理论上为厘清现有文献的分歧提供增益，在实践上为合理评估环保企业海外并购的真实效果以及今后更好地引导环保企业"走出去"提供政策参考。

第二节　理论基础

一、资源基础理论

Wernerfelt（1984）首次提出了资源基础理论，并强调企业的资源禀赋对于企业价值创造和竞争优势构建至关重要。Barney（1991）进一步认为，企业控制的有价值的、稀缺的、难以模仿和复制的内部资源是企业持续维持竞争优势的关键。企业资源主要包括知识、人力资本、惯例、管理经验和相关能力等（杨兴锐，2014），其对企业竞争优势的影响主要体现在两个方面：其一，资源的充裕性和稀缺性影响企业的风险抵抗能力，在一定程度上决定了企业的议价能力和替代威胁；其二，异质性资源能够驱动企业实施差异化竞争战略，在促使企业源源不断地创造价值的同时，助力企业构建持续且独特的竞争优势。资源基础理论是发展中国家后发企业发起海外并购的重要解释框架。

以中国环保企业为例，中国环保企业进行海外并购的一个重要目标在于获取发达国家标的企业的异质性资源，尤其是先进的知识、技术和管理经验等稀缺且难以模仿的优质资源。环保企业通过海外并购，一方面能够将发达国家标的企业的优质资源购买至企业内部，丰富自身的资源库，从而在避免固有资源反复使用带来的僵化和路径依赖的同时（Vermeulen et al.，2001），促使企业利用异质性资源进行创造性重新组合以提升创新水平或实施差异化竞争战略（Barney，1988；胡潇婷等，2020）；另一方面海外并购能够帮助环保企业吸收和整合标的企业先进的技术、知识和管理经验等稀缺资源（Graebner，2004），从而提高自身的能力和资源配置效率，并进一步巩固自身的市场竞争优势。

二、组织学习理论

Barkema和Vermeulen（1998）最早引入组织学习理论来解释企业对外直接投资方式的选择，从而开启了从组织学习理论视角研究企业海外并购的先河。他们的研究强调，企业通过海外并购实现市场多元化和产品多元化，可以获取更多的技术、知识和经验，从而提升企业自身的技术能力，增加国际化经验和知识。但是，组织部门的复杂性以及文化交流的差异性等因素也会产生认知障碍和交流障碍，进而提高组织学习成本，降低组织学习效率。因此，当企业自身拥有先进技术、知识和管理经验等核心竞争优势时，通常会在对外直接投资中选择绿地投资的方式；而当企业不具备这些优势时，往往倾向于选择并购的方式来获取标的企业的优质资源。

对于中国环保企业而言，由于自身起步较晚，在管理经验、国际化战略以及环境技术水平方面远远落后于发达国家环保企业，通过海外并购的方式学习发达国家标的企业先进的环境技术和管理经验，无疑是短期内迅速做大做强的重要手段。一部分文献基于组织学习理论发现，海外并购带来的知识库扩大能够为主并企业提供更多的学习机会，从而提升主并企业的创新绩效（胡潇婷等，2020）。但是，鉴于中国与发达国家在制度背景、文化习俗和语言交流等方面存在巨大差异，这可能导致标的企业内部管理层和员工对主并企业产生排斥（刘柏、梁超，2017），从而提高企业的学习吸收成本，降低并购后的整合效率，最终损害海外并购的创新效率和价值创造效应（Moeller et al.，2005；Chakrabarti et al.，2009）。事实上，中国环保企业在海外并购后的相关公告中也对此发布了风险提示。如飞马国际在关于收购Kyen Resources Pte.Ltd.（恺恩资源有限公司）部分股权的公告中明确提示：由于地域、商业环境及文化的差异，公司可能在经营管理、内部控制、公司治理等方面存在风险和挑战，为此，企业会尽快学习并熟悉当地法律、政策体系及文化环境，以有效防范投资经营风险。由此，基于组织学习理论，海外并购对中国环保企业的利弊影响尚存在不确定性。

三、跳板理论

Luo 和 Tung 在 2007 年提出了跳板理论，他们认为，来自新兴经济体的后发企业视海外并购为一个跳板，通过战略资源获取和机会寻求，如收购发达市场标的企业的先进知识、技术和资源，短期内快速实现全球竞争力的提升，从而更有效地与竞争对手展开竞争，并降低自身在母国受到的制度束缚。Luo 和 Tung（2007）认为，国际化是后发企业快速实现能力跃升的跳板。相较其他方式，海外并购潜在的协同效应优势能使后发企业在短期内获得发展所需的战略资源，被视作后发企业迈入国际化的助推器。根据跳板理论，海外并购作为跳板的战略目标包括五个方面：其一，获取关键战略资源，以弥补自身不足；其二，增强竞争优势；其三，利用发达市场标的企业的竞争优势与市场机会；其四，降低自身在母国受到的制度和市场束缚；其五，完成战略资产的收购整合后，更有效地与国内外竞争对手展开竞争。

鉴于此，近年来越来越多的中国企业开始将海外并购视作快速获取先进技术、海外市场和实现国际化战略的跳板（贾镜渝、李文，2016）。环保企业由于规模小、技术水平落后，在国内环保市场需求日渐扩大的背景下，其利用海外并购作为跳板来实现短期内迅速做大做强的动机越发强烈。从环保企业海外并购的目标可以看出，获取发达国家标的企业先进的环境技术和开拓国际市场是环保企业进行海外并购最直接的目标，这表明跳板理论适用于中国环保企业海外并购的场景。但是，海外并购能否作为环保企业跨越式发展的跳板，最终实现并购目标和价值创造，仍有待进一步的检验与分析。

四、委托代理理论

现代企业制度的建立意味着企业所有权和经营权的分离，即公司的所有者和经营者不再是同一人。企业所有者（股东）作为委托人，将公司的经营权委托给代理人（管理层），从而形成委托代理关系。Jensen 和 Meckling（1976）认为，委托代理关系相当于一种契约，如果这种契约是完备的，管理层完全按照股东利益行事，则委托人和代理人之间就不存在利益冲突，也不存在代理成本。但是在现实中，管理层和股东的利益目标往往存在冲突，股东希望管理层以企业价值最大化为经营目标，从而最大化股东财富；但是管理层出于自身薪酬和声誉等私利考量，往往更加注重任期内的短期收益，从而造成管理层目标与股东目标之间的冲突，产生代理成本。代理成本主要体现在三个方面：第一，与管理层签订契约产生的成本；第二，监督和约束管理层私利行为产生的成本；第三，管理层违背企业价值最大化目标而产生的剩余损失。此外，公司大股东和中小股东之间也存在代理成本，在公司治理机制不健全的情况下，大股东往往通过资金占用、关联交易等方式掏空上市公司，从而侵害中小股东利益。

代理问题在海外并购中的体现主要包括两方面：第一，在海外并购发起中，管理层可能是出于"帝国构建"动机而非企业价值最大化动机（Khorana and Zenner，1998；Core et al.，1999），即管理层为了控制更多的资源、提高自身在经理人市场的声誉，盲目进行并购以扩大公司规模。同时，管理层普遍存在过度自信心理，这会使管理层高估海外并购项目的收益，低估海外并购项目的风险，从而产生非理性并购。第二，在海外并购完成后，信息不对称的存在导致管理层的行为难以被完全监督，可能产生道德风险和逆向选择问题，从而使并购后的整合效率低下，并购的协同效应发挥不佳，最终损害股东利益和企业价值。

由于我们主要考查环保企业海外并购的经济后果而非环保企业发起海外并购的缘由，因此主要关注海外并购后的代理问题。从理论上来看，海外并购对环保企业代理成本的影响在方向上存在不确定性。一方面，海外并购引发的业务整合和组织重构的不确定性可能加大管理层的代理成本（任曙明等，2019）；另一方面，海外并购亦可能改善环保企业的公司治理水平（Ding et al.，2017；赵海龙等，2016；徐慧琳等，2020），从而降低管理层的代理成本。代理成本是影响企业创新水平、投资效率和价值创造的重要因素，海外并购对代理成本影响的不确定性使海外并购的效果在理论上尚不明晰，这也需要后文大样本的实证检验。

第三章

环保企业发展和海外并购现状分析

第一节　环保企业发展现状

一、环保产业的概念界定

关于环保产业的定义，一直以来就存在广义和狭义之分。狭义的环保产业主要强调环境问题的终端治理，其范畴包括污水处理、废弃物处理、大气污染治理、噪声控制以及土壤治理等内容。广义的环保产业强调对产品生命周期全过程的控制，不仅囊括狭义的内容，还涉及产品生产过程中的绿色控制（包括绿色工艺、节能技术、绿色标准和绿色设计等）和产品使用过程中的清洁产品，即在产品设计时就考虑能源资源节约和回收利用，使产品在生产和消费过程中符合绿色环保标准。目前，学界对环保产业的概念及范畴界定并不存在统一的标准，主要有以下几种界定：

经济合作与发展组织（OECD，1996）认为，环保产业主要包括环保设备、环保服务、清洁技术和清洁产品的生产与提供。其中，环保设备包括废水处理设备、废弃物管理与再循环设备、大气污染控制设备、噪声控制设备、污染监测设施、环境科研与实验室设备，以及用于自然保护与提高城市环境舒适性的设施等。环保服务包括从事废水处理、废弃物处理、大气污染治理、噪声控制等方面的工作，提供有关环境分析、监测与保护方面的服务，环境技术与工程服务，环境研究与开发服务，以及环境培训、教育、核算和法律等相关方面的环境事务服务。清洁技术和清洁产品主要包括清洁生产技术与设备、能源资源节约与开发的技术及设备、生态产品等。

联合国《综合环境与经济核算体系 2003》（SEEA 2003）对环保

产业的定义被认为是当前囊括范围最完整、产业类别列示最详细的（王珺红，2008；孙程，2021）。它认为，环保产业是提供环境产品与服务的产业，即其生产的产品和提供的服务用于水、空气和土壤环境损害以及与废弃物、噪声和生态系统有关的问题的测量、预防、限制，使之最小化或得到修正，包括降低环境风险，使污染达到最小的清洁技术、产品和服务，同时也包括与资源管理、资源开采和自然灾害有关的活动。

我国对环保产业的概念及范畴确认同 OECD 和 SEEA 2003 的界定大致相同，不同时期的界定内容稍有差异。如国务院 1990 年颁布了《关于积极发展环境保护产业的若干意见》，环保产业被认为是"国民经济结构中以防治环境污染、改善生态环境、保护自然资源为目的所进行的技术开发、产品生产、商业流通、资源利用、信息服务、工程承包等活动的总称，主要包括环境保护机械设备制造、自然保护开发经营、环境工程建设、环境保护服务等方面"。国家环境保护总局在《2004 年全国环境保护相关产业状况公报》中将环保产业定义为"国民经济结构中为环境污染防治、生态保护与恢复、有效利用资源、满足人居环境需求，为社会、经济可持续发展提供产品和服务支持的产业"。2011 年，《环境保护部关于环保系统进一步推动环保产业发展的指导意见》将环保产业界定为"为社会生产和生活提供环境产品和服务活动，为防治污染、改善生态环境、保护资源提供物质基础和技术保障的产业"。《2021 中国环保产业发展状况报告》将环保产业分为环境保护产品生产和环境服务，两者在经营领域都涵盖水污染防治、大气污染防治、固体废物处理处置与资源化、环境监测、噪声与振动控制等。本书对环保产业的理解与《2021 中国环保产业发展状况报告》的内涵一致，所选择的上市环保企业的经营范围也主要覆盖了上述领域。

二、环保企业基本情况

（一）环保企业的分布特征

根据《2021 中国环保产业发展状况报告》，截至 2020 年，全国有 15 556 家环保企业。从领域来看，这些企业主要分布在水污染防治、大气污染防治、固体废物处理处置与资源化、环境监测、土壤修复、噪声与振动控制及其他共 7 个领域。其中，环境监测和水污染防治两个领域的企业数量最多，分别为 5 231 家和 4 355 家，占比分别达到 33.6% 和 28%；固体废物处理处置与资源化领域的企业数量为 2 313 家，排名第三；大气污染防治领域的企业数量为 1 903 家，排名第四；其他领域的企业数量为 1 444 家，排名第五；土壤修复领域的企业数量为 243 家，排名第六；噪声与振动控制领域的企业数量最少，仅有 67 家，占比不到 1%。2020 年环保各领域企业数量占比情况如图 3-1 所示。

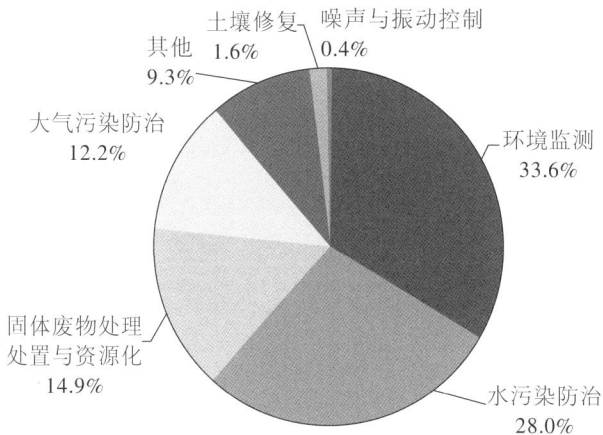

图 3-1　2020 年环保各领域企业数量占比

从企业规模来看，根据国家统计局《统计上大中小微型企业划分办法》的规定，在15 556家环保企业中，大型企业有477家，占比仅为3.1%，且大部分集中在水污染防治和固体废物处理处置与资源化领域，这两大领域的大型企业数量合计占比超过67%；中型企业有3 737家，占比为24%，也主要分布在水污染防治和固体废物处理处置与资源化领域；小型企业有5 478家，占比为35.2%；微型企业有5 864家，占比为37.7%。小微型企业数量占比合计超过72%，并且主要集中在环境监测和水污染防治领域。由此可见，当前我国环保企业在数量上以小微型企业为主，大型企业数量少，环保企业整体实力较弱，且不同领域的企业数量和企业规模均存在较大差异。2020年不同规模环保企业数量占比如图3-2所示。

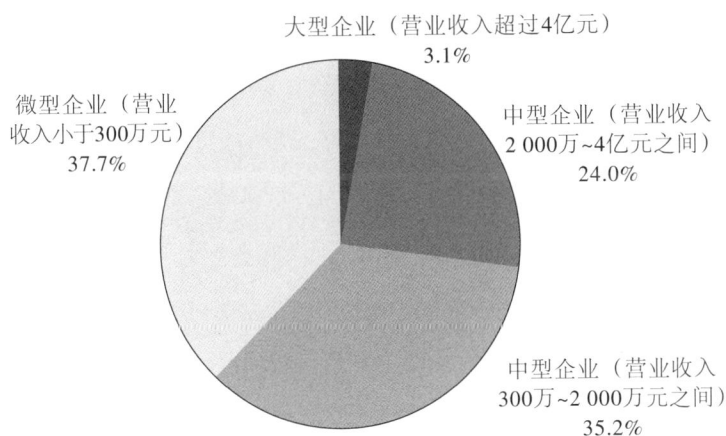

图3-2　2020年不同规模环保企业数量占比

从各省的分布情况来看，环保企业的地区数量分布极不平衡，山东省、广东省、江苏省、浙江省和安徽省的环保企业数量排名全国前五，这五个省的环保企业数量依次为3 456家、1 616家、1 085家、1 045家和743家，合计占比超过50%。陕西省、海南省、青海省、西藏自治区和宁夏回族自治区的环保企业数量排名全国后五位，这五个省的环保企业数量均不超过80家，合计占比不足1.5%。

从区域分布来看，华东地区环保企业数量最多，将近7 000家，占比超过44%，遥遥领先于其他地区；华南地区和西南地区次之，占比均超过10%；华中地区和华北地区环保企业数量占比接近9%；东北地区环保企业数量占比8.4%；西北地区环保企业数量最少，仅有795家，占比5%左右。从整体来看，南方地区环保企业数量占比53.5%，微弱领先于北方地区。需要指出的是，长江经济带沿线11省（直辖市）环保企业数量占比虽不超过37%，但是营业收入、营业利润和从业人员占比均超过40%，可见长江经济带不仅是我国经济发展的重心，也是支撑环保产业发展的重要力量。在企业规模上，北京市和上海市的环保企业数量虽然不多，但是以大中型环保企业为主，两市的大中型环保企业占比均超过60%，也是全国仅有的大中型环保企业占比超过50%的地区。2020年环保企业地区分布情况如图3-3所示。

单位：家

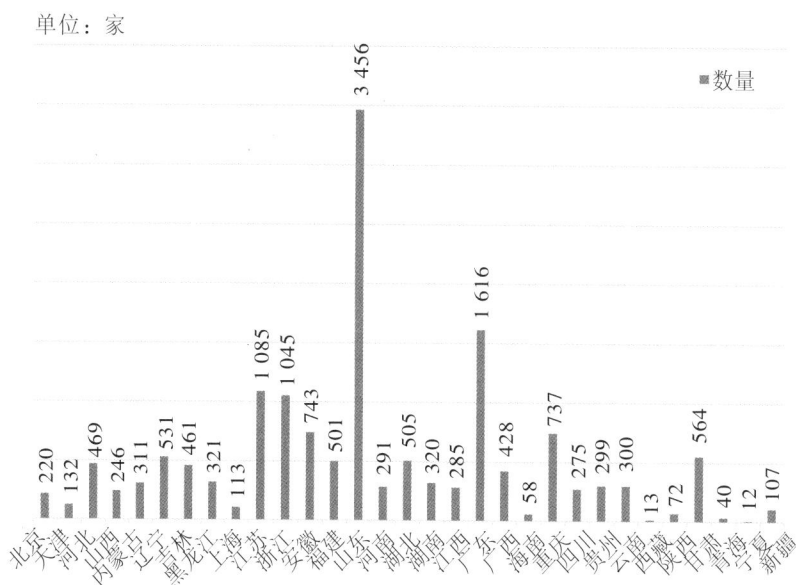

图3-3 2020年环保企业地区分布

（二）环保企业创新水平现状

截至 2020 年，我国环保领域的专利申请量在国际上遥遥领先，特别是环保领域的发明专利申请量占据全球发明专利总量的一半以上。毫无疑问，我国已经成为全球环保技术研发布局最积极的国家。但是，我国环保领域的专利申请主要布局在国内，专利的海外布局占比不足 3%；而欧美等发达国家的海外布局占比均超过 50%。这表明我国从环境技术大国跨向环境技术强国还任重而道远。具体来说，各领域的技术水平如下所述：

第一，在环保技术装备水平方面，起步较早的电除尘、袋除尘、烟气脱硫脱硝、垃圾焚烧（发电）等领域已达到国际先进水平，而起步较晚的环境修复、环境监测仪器等领域与国际先进水平尚存在较大差距，其他领域的技术水平则基本与国际水平接近。

第二，在工业烟气除尘方面，电除尘技术处于国际领先地位，这也是我国最具国际竞争力的环境技术领域；袋除尘技术达到国际先进水平，部分技术或产品处于国际领先水平。VOCs 治理技术水平与国际水平接近，而催化剂、蓄热体等功能材料生产领域与国际先进水平存在明显差距。机动车尾气治理脱除颗粒物和脱硝技术在现实应用中广泛推广，工业企业无组织排放控制刚刚起步，城市道路、施工工地抑尘方面已取得一定的进展。

第三，在城镇生活污水治理方面，我国水污染治理技术水平基本与国际接轨，但是创新供给不足，大部分重点领域处于跟跑阶段，自主创新能力不足。

第四，在土壤修复方面，异位热脱附和淋洗技术等部分技术已经接近国际先进水平，但是在场地采样与现场监测、土壤检测和场地修复工程精细化实施等方面与国际先进水平存在较大差距。

第五，在固体废物处理处置及资源化技术方面，生活垃圾处理处置技术基本成熟，尤其是大规模垃圾焚烧发电技术在国际上处于领先地位，但是危险废物、大宗工业固体废物和有机固废的处理及资源化利用水平还处于落后阶段。

第六，在环境监测方面，尽管近年来我国技术水平得到较大提升，基本上能够适用于以空气、水质和污染源监测为主体的国家环境监测网络，但是环境监测产品同质化问题严重，一些关键技术和产品尚需要从国外进口。

（三）环保企业经营状况

在盈利能力方面，我国环保企业的净资产收益率和利润水平整体较低，2020年被调查环保企业的平均净资产收益率为7.9%，平均利润率为8.8%。从细分领域来看，水污染防治和土壤修复领域企业的净资产收益率相对较低，低于行业平均水平，其他领域企业的净资产收益率在平均线以上。噪声与振动控制领域企业的利润率最高，达到14.6%；固体废物处理处置与资源化领域企业的利润率为13%，排名第二；环境监测领域企业的利润率为10.9%，位居第三。其他领域企业的利润率均在平均线以下，土壤修复领域企业的利润率不足5%。

在资产营运能力方面，环保企业的资产营运能力总体较差，2020年被调查环保企业的总资产周转率平均只有0.5，应收账款周转率平均仅为3.2。从细分领域来看，土壤修复和环境监测领域企业的总资产周转率相对较高，处于平均线以上；水污染防治、噪声与振动控制领域企业的总资产周转率相对较低，处于平均线以下。除固体废物处理处置与资源化、环境监测领域企业的应收账款周转率高于行业平均水平外，其他领域企业的应收账款周转率均低于行业平均水平。整体而言，我国环保企业的资产营运能力一般，回款问题较为严重，且不同环保领域企业的资产营运能力存在较大差异。

在偿债能力方面，不同于发达资本市场环保企业超高的资产负债率，我国环保企业的资产负债率处于一个相对健康的水平，2020年被调查环保企业的资产负债率平均为55%。从细分领域来看，土壤修复领域企业的资产负债率最高，达到62.5%，也是唯一超过60%的细分领域；噪声与振动控制、环境监测领域企业的资产负债率相对较低，均不超过42%。

在投资方面，2020年被调查环保企业的投资总额超过1 700亿元，较2019年增长22.4%。具体来看，水污染防治领域企业的投资额占总投资额的63.4%；固体废物处理处置与资源化领域企业的投资额占总投资额的26.9%；其他领域企业的投资额相对较低，占总投资额的比重均不超过4%；噪声与振动控制领域企业的投资额占总投资额的比重仅为0.02%。上述数据反映出水污染防治、固体废物处理处置与资源化领域是2020年环保产业内的热门投资领域，这与我国对水污染防治和固废处理的重视是密不可分的。如2020年《中华人民共和国固体废物污染环境防治法》《城镇生活污水处理设施补短板强弱项实施方案》《关于推进建筑垃圾减量化的指导意见》等环保法律法规相继颁布实施，直接加大了相关领域的环保需求，从而推动了相关环保企业的投资活动。与投资相对应，在2020年环保企业的融资总额中，水污染防治、固废处理处置与资源化领域企业的融资额占比最高，分别达到55.7%和30.1%，遥遥领先于其他领域企业（其他领域企业的融资额占比均低于8.5%）。

三、环保企业发展存在的问题

尽管政策支持，尤其是相关环境保护法律法规的颁布实施极大地增加了环保市场需求，继而推动了环保企业的高速发展，但是从现实情况来看，当前我国环保企业的发展仍然存在不少问题，主要表现在如下几个方面：

第一，环保项目自身造血能力差，严重依赖政府投入，环境治理需求向产业市场转化难。环保产业属于典型的政策导向型、投资带动型产业，除工业污染治理和市政污水垃圾处理外，大多数为政府付费的纯公益性项目，项目自身缺乏造血功能。在经济下行及减税降费压力下，地方财政收支困难及债务压力不断加大，地方支付能力受到严峻挑战。PPP模式本来是明确政府治理项目支出责任、调动各方力量共同实施环保项目的重要方式，但是由于地方政府财政压力不断加大和PPP模式监管趋严等原因，其在环保领域的推行严重受阻，进而限制了环保产业的市场化转型。

第二，创新能力短板明显，产业持续发展动力不足。近年来，通过自主研发和技术引进，我国的环境技术水平有了快速提升，部分领域的技术水平与国际接轨，电除尘、袋除尘等部分技术甚至达到了国际先进水平。但是，就整体而言，我国的环境技术水平与发达国家相比仍存在较大差距，技术整体水平落后5～10年，尤其是"卡脖子"技术问题突出，部分产品、设备和技术严重依赖进口。以监测设备为例，尽管我国在该领域的专利总数位居世界第二，但是高端仪器产品存在精度差、性能不稳定、数据精确性低等问题，部分产品也没有通过相关的国际认证，不得不依靠进口满足需求。

第三，行业集中度低，缺乏大型龙头企业，市场规范性较差。与发达国家广泛存在大型龙头企业相比，我国的环保企业以小微型企业为主，缺乏具有全球影响力的龙头企业和品牌。行业集中度低恶化了行业竞争环境，低价竞争、数据造假、信任危机等问题严重，使得行业平均收益率持续下滑。

第二节　环保企业海外并购现状分析

一、海外并购的概念界定

由于海外并购（Cross-border M&A）是一般并购（M&A）的延伸，因此，要明晰海外并购的概念，就需要对并购的定义进行界定。并购是兼并（merge）和收购（acquisition）的总称。欧美国家对merge一词有两种定义：《大不列颠百科全书》对merge一词的解释为：两家或更多的独立企业、公司合并组成一家企业，往往由一家占优势的公司吸收另一家或更多的公司。《布莱克法律大词典》对merge一词的解释为：一个事物或权利被另一个事物或权利混合或吸收，并且其中一方没有另一方尊贵或重要，不重要的一方将不再存在。在公司法中，兼并是指一家公司被另一家公司吸收，后者继续保持它的名称和地位，以及所获得的前者的责任、财产和义务、特权、权利等，而被吸收的公司则不再以一个独立的商业实体而存在。我国对兼并一词的最早定义始于1989年颁布的《关于企业兼并的暂行办法》，其对兼并的定义为：一家企业购买其他企业的产权，使其他企业失去法人资格或改变法人实体的一种行为。收购主要是指一家公司通过现金交易或股权交易等方式取得另一家公司的控制权，但是被收购企业的法人资格不会消失。从定义上看，兼并和收购最大的区别在于交易完成后，标的企业是否丧失法人资格。兼并不仅获得标的企业的控制权，还使其丧失法人资格；而收购仅获得标的企业的控制权，并不改变标的企业的法人资格。但是，由于两者都是以产权交易为基本特征，而且企业的控制权和经营权都掌握在同一个法人手中，因此欧美国家一般将merge和acquisition放在一起，统称M&A。我国对兼并和收购也没有进行严格的区分，统称为企业并购。

海外并购是一国企业出于某种目的，如获取先进技术或原材料、拓展海外市场等，通过一定的方式或支付手段，将另一国某一企业的部分或全部产权购买下来以获得相应的控制权的经济活动。海外并购是国内并购在经济全球化趋势下的延伸，既是发达国家之间对外直接投资的最主要方式，也是当前我国对外直接投资的主要方式。需要强调的是，参照海外并购方面的文献，中国大陆（内地）企业对台湾地区、香港特别行政区和澳门特别行政区的企业展开的并购活动也视为海外并购活动。

二、环保企业海外并购的背景分析

环保企业大举进军海外市场与国内外环境密不可分。就国内环境而言，中央政府对环境保护的重视、相关环境保护法律法规的密集出台以及群众环保意识的不断增强，是推动环保企业海外并购的最重要驱动因素。首先，长期的粗放型发展模式使我国的环境污染问题面临退无可退的局面，为保护"绿水青山"、实现绿色可持续发展，中央政府高度重视环境保护问题。尤其是 2012 年以后，党的十八大首次将生态文明建设纳入经济社会发展的战略布局，环境保护被提到了前所未有的高度。党的十九大进一步强调，要"加快生态文明体制改革，建设美丽中国"。2020 年 9 月，习近平主席在第七十五届联合国大会一般性辩论上发表重要讲话，"中国将提高国家自主贡献力度，采取更加有力的政策和措施，二氧化碳排放力争于2030 年前达到峰值，努力争取 2060 年前实现碳中和"。中央政府的高度重视有力地促进了环保产业的发展。一方面，大量的财税、金融、价格等优惠政策加速向环保产业倾斜，环保产业成为战略性新兴产业的重要支柱力量；另一方面，政府也逐步建立健全引导规范政策体系，在保障环保产业有序发展的同时，积极推进环境治理市场化进程。这使得环保市场前景广阔，产业发展势头迅猛，大量环保企业借助利好的政策东风迅速发展壮大。其次，为落实各方环境治理责任，汇聚各方力量打赢污染防治攻坚战，近10年来，我国陆续颁布或修订了《中华人民共和国清洁生产促进法》《大气污染防治行动计划》《水污染防治行动计划》《环境保护法》《领导干预自然资源资产离任审计规定（试行）》等数十部重要的环境保护法律法规，逐步建立起一套自上而下的兼具强制性和权威性的环境监管体系，从而极大地释放了环保市场需求，环保企业迎来历史性发展机遇。最后，随着人民生活水平的不断提高和环境污染对身体健康的威胁程度不断加剧，人民群众的环保意识逐渐增强，对"绿水青山"的呼声日渐高涨。这又进一步加强了政府对污染治理的力度和决心，扩大了环保市场需求，同时也迫使污染型企业不得不进行绿色转型升级。总而言之，国内对环境保护的重视极大地释放了环保市场需求，从而推动了环保企业的兼并重组。

就国际环境而言，发达国家由于工业化起步较早，环境污染问题在19世纪晚期就已凸显，因而发达国家对环境保护的重视和污染治理的起步也相对较早，发达国家的环保市场发展更为完善，有着更丰富的环境技术和污染治理经验。与此同时，发达国家环境治理水平已经走在世界前沿，环保市场基本饱和，亟需拓展新的市场。中国环保市场需求旺盛，但是由于缺乏成熟的污染治理经验和先进的环保技术，环保市场和环保业务还有待进一步开发。在国家利好政策的鼓舞下，国内环保企业希望通过并购发达国家的相关企业来获取环境治理方面的经验和先进技术，从而增强自身的竞争优势，迅速开拓海内外环保市场。发达国家环保企业对新市场的需求和中国环保企业对经验与技术的渴望，是促成中国环保企业海外并购顺利开展的关键因素。同时，共建"一带一路"倡议的实施也降低了东道国市场的投资风险和不确定性风险，增强了中国与东道国的政治互信与文化交流（李青等，2020；韦东明等，2021），降低了交易成本和交易风险，从而为环保企业的海外并购创造了有利的国际环境。此外，近年来由于国际经济形势不明朗，经济增速放缓，海外资本市场普遍存在股价低估现象，这也为中国环保企业"走出去"提供了动力。

三、环保企业海外并购的特征

（一）环保企业海外并购的总体状况

在对环保企业海外并购的总体状况进行描述之前，我们先对相关数据进行必要的说明。第一，本书在后续研究中均使用沪深A股环保上市企业数据进行分析和研究，主要是因为上市环保企业的数据披露相对完整准确，且上市环保企业由于规模大、资金实力雄厚，是环保企业海外并购的主体。选取上市环保企业海外并购数据进行研究，不仅具有代表性，而且能够保证结论的稳健可靠。第二，上市环保企业名单来自《2021中国环保产业发展状况报告》、东方财富、大智慧、百度股市通、雪球网等财经网站。第三，海外并购数据来自国泰安数据库和东方财富并购重组库，并通过百度搜索、新浪财经和上市公司年报等途径进行确认、补充和删除，以保证数据的准确、可靠。在后文中，如不做特殊标注，环保企业均指A股上市环保企业。

中国环保企业海外并购起步相对较晚，2012年，聚光科技收购荷兰Bohnen Beheer B.V.75%股权被认为是中国环保企业海外并购史上第一项海外并购活动，该并购活动使得聚光科技成功控股Bohnen Beheer B.V.拥有100%股权的环境监测公司Synspec B.V.。从2012年至2020年，我国环保企业共成功完成54项海外并购业务，不同年份环保企业海外并购趋势如图3-4所示。

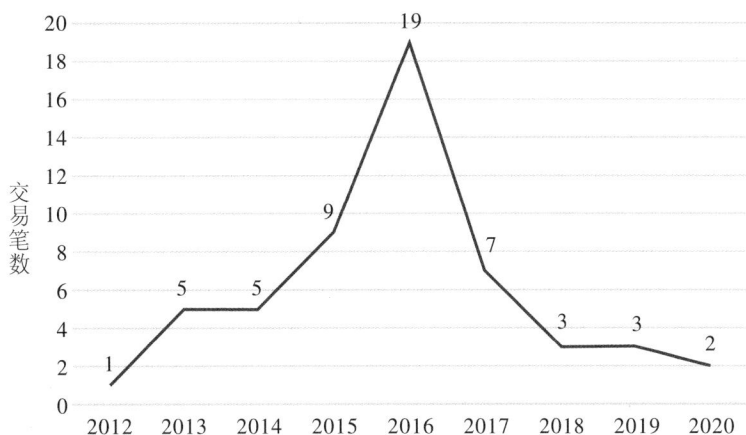

图3-4　不同年份环保企业海外并购趋势图

从图3-4可以看出，环保企业海外并购大致呈现三个阶段：第一个阶段是2012—2014年的起步阶段。在这一阶段，环保企业海外并购数量相对较少，增长幅度不明显。代表性并购有聚光科技收购荷兰Bohnen Beheer B.V.75%股权、先河环保收购美国Cooper Environmental Services公司60.5%股权等。这一时期环境保护被纳入经济社会发展战略，环境保护被提到了前所未有的高度，但是由于相关的配套制度和设施还不完善，尤其是环境执法力度不够大，地方政府和企业的环境治理意愿并没有发生根本性变化，这使得环保市场需求没有得到完全释放，环保企业海外并购的动力相对不足。第二阶段是2015—2016年的井喷阶段。在这一时期，由于《环境保护法》的实施以及国家有关部门下达了涵盖水、大气、垃圾处理、环境监测、第三方环境治理等多领域近20项环保法规，环保市场需求彻底得到释放，加之政府对环保产业的各类优惠政策支持，环保企业海外并购呈现爆发式增长。2015年，环保企业完成9项海外并购活动，2016年直接飙升至19项，这两年的增长率分别达到80%和111%。代表性并购有银轮股份收购美国YLSQ控股公司100%股权、雪迪龙收购英国科睿科技公司 51% 股权、天翔环境收购德国贝尔芬格水处理技术有限公司（Bilfinger Water Technologies GmbH）100% 股权和首创股份收购首创集团新西兰投资控股有限公司（BCG NZ Investment Holding Limited）65% 股权等。第三阶段是 2017—2020 年的冷静阶段。在这一时期，由于国内监管政策的引导和规范，如 2017 年国务院国资委颁布《中央企业投资监督管理办法》和《中央企业境外投资监督管理办法》，强调海外投资的风险管控，加之其他国家对我国企业并购活动审查趋严，以及全球宏观经济不确定性等因素的影响，我国环保企业海外并购的步伐明显放缓，海外并购更加理性。代表性并购有威孚高科收购丹麦 IRD 燃料电池有限公司（IRD Fuel Cells A/S）66% 股权、葛洲坝收购巴西圣保罗圣诺伦索供水系统公司（Sistema Produtor São Lourenço S.A.）100% 股权等。

我们绘制了各省份环保企业海外并购数量图，如图 3-5 所示。从图 3-5 可以看出，54 项海外并购事件集中分布在全国 13 个省份。其中，广东省 10 项、江苏省和浙江省各 8 项、上海市 7 项、北京市和四川省各 5 项、湖北省 3 项、湖南省和河北省各 2 项、其他四省区（安徽省、黑龙江省、内蒙古自治区、广西壮族自治区）各 1 项。总体而言，环保企业数量越多的省份，海外并购事件的数量也越多，如广东省、江苏省和浙江省环保企业数量排名分别为全国前二、三、四，海外并购数量则位居全国前三。上海市和北京市的环保企业数量虽然相对较少，但是以大中型环保企业为主，环保企业的实力较强，因而这两个直辖市环保企业的海外并购数量也相对较多。

（二）环保企业海外并购的地域分布

2012—2020 年，54 项海外并购事件共分布在 22 个东道国（地区）。图 3-6 是环保企业海外并购的东道国（地区）分布图。从图 3-6

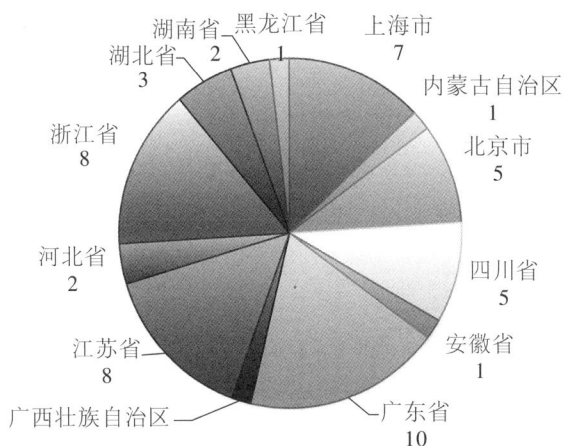

图3-5 各省份环保企业海外并购数量图

可以看出，美国和德国是中国环保企业最热衷的并购东道国。9项并购事件发生在美国，占比16.7%；6项并购事件发生在德国，占比11.1%。加拿大、新加坡和中国香港均有4项并购事件，占比均为7.4%。从东道国（地区）的发达程度来看，49项海外并购事件发生在发达国家（地区），占比高达90.7%。除去中国香港的4项海外并购事件，发达国家的海外并购事件占比也达到83.3%。中国环保企业海外并购倾向于发达国家主要是出于以下几点原因：第一，发达国家环境保护起步较早，环保市场经过几十年的发展已经非常成熟，不仅掌握了最先进的环保技术，而且拥有众多世界知名的大型环保企业，占据了全球主要的环保市场。这对于谋求先进环保技术和开拓海外环保市场的中国环保企业而言，无疑具有很强的吸引力。第二，发达国家拥有成熟的项目经验和先进的环保技术，但是其国内环保市场趋于饱和，具有较强的对外输出欲望，亟需通过合作进入新的市场，尤其是中国这类环境保护刚刚起步的新兴市场。第三，发达国家政治相对稳定，法律制度和产权保护制度相对完善，投资项目的风险较低，投资收益相对更加安全。

并购数量

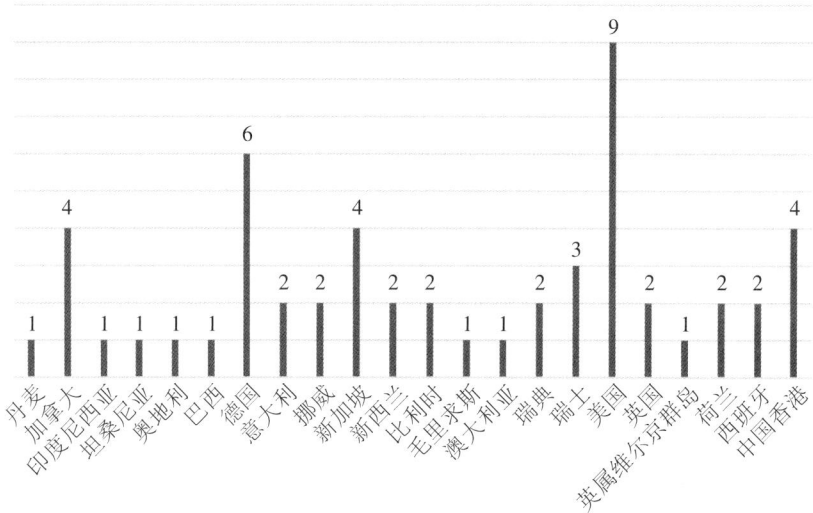

图3-6　环保企业海外并购的东道国（地区）分布图

环保企业海外并购的地域分布如图3-7所示。从图3-7可以看出，中国环保企业海外并购主要分布在欧洲，占比高达46%；其次是北美洲，占比24%。欧美地区合计占比达到70%。这些地区主要是发达国家，它们拥有成熟的环保经验和先进的环保技术，因此更受中国环保企业的青睐。亚洲（主要是新加坡和中国香港）排名第三，占比17%。其他地区（大洋洲、南美洲和非洲）占比13%。

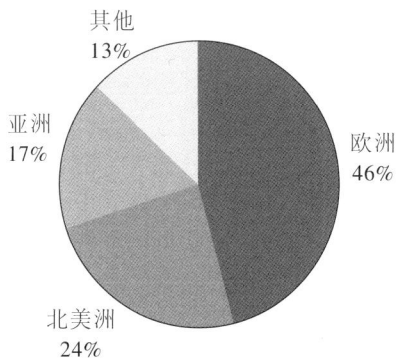

图3-7　环保企业海外并购的地域分布

（三）环保企业海外并购的细分领域

我们统计了2012—2020年环保企业海外并购的标的公司所属环保细分领域，并绘制了环保企业海外并购细分领域分布图，如图3-8所示。从图3-8可以看出，水务处理领域的海外并购数量最多，占比12.22%，代表性并购活动有巴安水务2016年收购奥地利KWI企业管理有限公司（KWI Corporate Verwaltungs GmbH）100%股权。固废处理领域的海外并购数量排名第二，占比11.20%，代表性并购活动有首创股份2015年收购新西兰BCG NZ Investment Holding Limited 65%股权。环境监测领域的海外并购数量占比7.13%，代表性并购活动有苏交科收购美国最大的环境监测服务公司——TestAmerica环境服务有限公司（TestAmerica Environmental Services LLC，以下简称TestAmerica公司）100%股权。节能环保领域的海外并购数量占比5.90%，代表性并购活动有银轮股份收购美国YLSQ Holdings Inc 100%股权。土壤修复领域的海外并购占比4.70%，代表性并购活动有永清环保2016年收购加拿大McMillan-McGee公司（以下简称MC公司）51%股权。水电领域和污泥领域的海外并购分别占比3.60%和2.40%；其他领域的海外并购占比10.19%。可见，固废处理领域和水务处理领域是中国环保企业最热衷的并购领域。

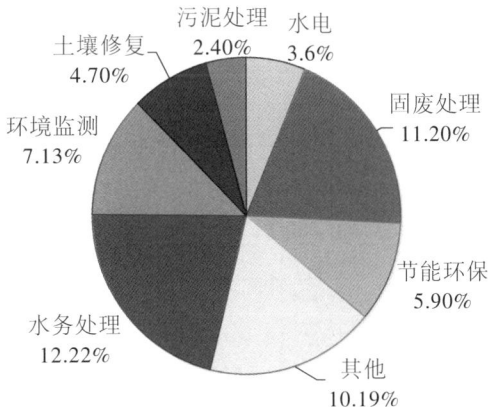

图3-8　环保企业海外并购细分领域分布图

（四）环保企业海外并购的频次

2012—2020年发生的54项海外并购活动涵盖34家环保企业，其中不乏多家环保企业连续多次进行海外并购活动。表3-1统计了多次进行海外并购活动的环保企业排名。从表3-1可以看出，15家企业进行了多次海外并购活动，占比44%。其中，天翔环境和巴安水务均进行了4次海外并购活动，华测检测和首创环保均进行了3次海外并购活动；威孚高科等11家企业分别进行了2次海外并购活动。环保企业进行多次海外并购的原因主要有两个：一是快速获取标的企业的先进环保技术，从而增强自身在相关领域的竞争优势，提升品牌影响力（王萍，2018；刘静，2020）；二是利用标的企业的国际影响力快速进入海外环保市场，拓展海外环保业务。

表3-1　　　　多次进行海外并购活动的环保企业排名

排名	并购方	股票代码	海外并购次数	涉及领域
1	天翔环境	300362	4	污泥、水务和固废处理
2	巴安水务	300262	4	水务处理
3	华测检测	300012	3	环境监测、其他
4	首创环保	600008	3	固废处理
5	威孚高科	000581	2	燃料电池
6	启迪环境	000826	2	大气治理、固废处理
7	银轮股份	002126	2	热管理
8	浙富控股	002266	2	水电
9	格林美	002340	2	钴粉领域、固废处理
10	雪迪龙	002658	2	环境监测
11	先河环保	300137	2	环境监测
12	永清环保	300187	2	土壤修复
13	聚光科技	300203	2	环境监测、水务处理
14	科达制造	600499	2	其他
15	苏交科	300284	2	环境监测、其他

（五）环保企业海外并购的目标

环保企业进行海外并购的目标，一方面在于获取先进的环保技术，如永清环保 2016 年收购加拿大 MC 公司 51% 股权。MC 公司专注于土壤及地下水的原位热修复，是 ET-DSPTM 技术的发明者和拥有者，拥有在全球范围内使用原位热修复技术的权利。目前我国在该领域面临严峻挑战，而 MC 公司的技术可以完美弥补我国在该领域的不足。永清环保在公告中宣称，收购 MC 公司主要是为了引进 ET-DSPTM 这一独特的热修复技术，增强自身在工业场地治理修复领域的核心竞争力。另一方面在于拓展海内外环保市场，如中金环境 2016 年收购美国虎流系统有限公司（Tigerflow Systems LLC，以下简称 Tigerflow 公司）100% 股权。中金环境在公告中宣称，收购美国 Tigerflow 公司是开拓北美市场的重要举措，能满足自身拓展国际业务，尤其是北美市场业务的需求，进一步完善产业布局、扩大公司营业规模、提高盈利能力，进而实现可持续发展。当然，还有一些公司进行海外并购的目的既在于获取先进技术，也在于拓展海内外市场。如中国环保企业海外并购史上最大的海外并购活动——中国天楹收购西班牙固废巨头 Urbaser 公司 100% 股权。Urbaser 公司是欧洲固废治理巨头，不仅拥有先进的环保处理技术，而且其业务遍布全球 20 多个国家（地区）。中国天楹通过收购 Urbaser 公司，不仅掌握了先进的环境保护技术和管理经验，完成前端分类+智慧环卫+设备自造+后端垃圾焚烧处理的全产业链布局，而且成功进军西班牙、法国和英国等发达国家市场，并在越南等新兴市场取得重大突破。此外，还有极少数环保企业进行海外并购是为了实现战略转型等其他目的，如深圳能源 2015 年收购温德姆 CPT 控股有限公司（CPT Wyndham Holdings Ltd.）100% 股权。根据我们的统计，在 54 项海外并购活动中，出于获取标的企业先进环保技术的海外并购活动（即技术导向型海外并购）共 11 项，出于拓展海内外环保市场的海外并购活动（即市场导向型海外并购）共 12 项，技术获取和市场拓展兼有的海外并购活动共 25 项，其他目标导向的海外并购活动共 6 项。

（六）并购方特征

从并购方产权性质来看，54 项海外并购活动共涉及 34 家环保企业。其中，非国有企业有 28 家，并购活动共 45 项，占比分别达到 82% 和 83%；国有企业有 6 家，并购活动共 9 项，占比分别为 18% 和 17%。从数量上看，非国有企业占据绝对优势，已经成为中国环保企业海外并购的主要力量，这与民营企业是中国海外并购主力军的特征相符。从标的方性质来看，国有企业和非国有企业的偏好也存在不同。国有企业更偏好资本运营类企业，如首创环保等通过收购国外资本运营类公司，引进先进的运营、管理技术，同时提升企业在国际上的品牌影响力。非国有企业则更偏好技术类公司，通过获取标的企业先进的环保技术而增强自身的竞争优势，如永清环保 2015 年收购美国进行土壤修复的 Integrated Science & Technology 公司 51% 股权、2016 年收购加拿大进行土壤修复的 MC 公司 51% 股权，从而极大地提高了永清环保在土壤修复领域的技术水平，增强了其市场竞争优势。

四、环保企业海外并购存在问题分析

（一）盲目并购，对并购风险评估不足

尽管海外并购可以帮助环保企业快速获取先进的环保技术、拓展海内外环保市场，从而实施国际化战略，但是，一些环保企业在海外并购过程中存在高估收益、低估风险的心理，盲目扩张引发的失败不在少数。对风险评估不足主要体现在两个方面：第一，并购后，由于文化冲突使整合效率不高；第二，并购后，杠杆率过高引发财务危机。最惨痛的例子莫过于天翔环境暂停上市的教训。天翔环境从

2014年上市到2017年短短4年时间，便开展了4次海外并购活动，其中后3次海外并购活动是：2015年收购美国污泥处理设备公司——圣骑士公司（Centrisys Corporation）80%股权、2016年收购德国倍世水技术公司（Best Water Technology，BWT）100%股权和欧绿保集团（ALBA Group）60%股权，一度引发资本市场的广泛热议。天翔环境实控人邓亲华2016年在参加德国BWT总部举办的全球年会时，意气风发地说："前途是光明的，任重而道远。一万年太久，只争朝夕。"然而，从2017年开始，天翔环境便开始走下坡路，2018年爆发债务危机。截至暂停上市前，天翔环境逾期负债高达35.48亿元，相关银行账户已经被冻结。回顾天翔环境的海外并购历程，最惨痛的教训就在于高估了海外并购带来的收益，低估了盲目扩张隐藏的债务风险问题，最终不得不黯然退市。被资本市场称为"蛇吞象"的中国天楹收购Urbaser公司，虽然收购后Urbaser公司为中国天楹贡献了五成资产、八成营收，但是并购后的财务危机问题导致中国天楹不得不在并购后两年就抛售Urbaser公司以解燃眉之急。

（二）缺乏具有国际视野和国际经营管理经验的人才

中国大部分环保企业的成立时间较晚，在开展海外并购前，大部分环保企业没有开展国际化经营活动，管理层缺乏必要的国际化视野和国际经营管理经验。这使得很多环保企业在并购协议中不得不对标的企业的管理层稳定提出要求。如雪迪龙在收购比利时Orthodyne公司100%股权时，就在并购协议中约定：目标公司将尽量保证核心人员（管理、销售、研发）的稳定性，核心技术人员应留在公司继续服务至少3年；核心人员从目标公司离职后，在一定期间内不得从事和目标公司相竞争的业务，该竞业禁止期间须经双方协商一致且须符合比利时相关法律法规的规定。尽管如此，对海外管理层的依赖往往会使中国环保企业在诸多方面受制于目标企业，不利于并购后的业务整合和战略规划（马建威，2011）。

（三）过分看重标的企业的技术或市场，忽视了其自身的经营状况

对先进技术和海外市场的追求导致部分环保企业在选择标的企业时往往忽略标的企业本身的经营状况，甚至并购了一些长期亏损的企业、债务负担严重的企业，从而使并购后的绩效表现不佳，最后不得不通过变卖这些标的企业摆脱困局。例如，巴安水务为了获取纳米平板陶瓷超滤膜技术，2016 年并购了德国 ItN 纳米创新有限公司（ItN Nanovation AG，以下简称 ItN 公司），但是 ItN 公司 2010—2016 年连续处于亏损状态，亏损金额最大的年份达到 720 万欧元，亏损金额最小的年份也超过 440 万欧元，并且 2016 年的营业额同比下降了 50%。巴安水务的这次并购活动不仅为后来该公司陷入经营困境埋下了隐患，也饱受资本市场的批评。再如苏交科 2016 年收购美国最大的环境监测服务公司——TestAmerica 公司。虽然 TestAmerica 公司具有成熟的环境检测技术和经验，能够在一定程度上弥补国内的技术短板，但是 TestAmerica 公司自 2014 年以来连续亏损，年度亏损金额最大超过 1 亿元，且该公司存在严重的债务问题，苏交科为此需要支付超过 1 亿美元的债务金额。苏交科的这次并购活动引起深交所的高度重视，对此连续发出问询函。时隔两年后，由于并购效果不佳等原因，苏交科以 1.75 亿美元的价格将 TestAmerica 公司出售给欧陆科技（Eurofins Scientific）集团。

第四章

技术导向型海外并购与环保企业创新水平

第一节 问题提出

改革开放40多年的高速发展在促进中国经济腾飞的同时，也带来了空气污染、水污染和土壤污染等各类严重的环境问题。为了保护"绿水青山"，推动经济结构绿色低碳转型，中央政府明确强调要打赢污染防治攻坚战，一方面严格实施以《环境保护法》为代表的环境规制政策倒逼污染企业节能减排，另一方面积极利用财政、税收和价格等宏观调控手段扶持环保产业发展。环保企业作为推进绿色发展的重要抓手，是打赢污染防治攻坚战的重要支撑（中国环境保护产业协会，2022）。然而，我国环保企业自主创新能力不足，技术水平整体落后发达国家5～10年，核心技术"卡脖子"问题尤为突出，部分关键材料和技术严重依赖进口。近年来，美国在芯片领域对中国持续的技术封锁警醒我们：唯有掌握原创性技术，避免核心技术受制于人，方能真正实现自主自强。根据新古典经济学理论，兼并重组可以实现资源的优化配置和研发创新的协同，从而提升企业的自主创新能力。海外并购作为新兴市场国家企业技术追赶的跳板，可以帮助后发跨国企业在较短的时间内快速获取先进技术，有效规避知识产权壁垒和技术封锁（冼国明、明秀南，2018）。由此引出的一个问题是：近年来，我国环保企业大举进军发达国家开展技术导向型并购活动是否切实提升了自身的创新水平？

从理论文献来看，现有的研究结论莫衷一是。一部分研究者发现，海外并购能够增加企业的知识资源、分摊研发成本并提高研发效率，从而提升企业的创新水平（Stiebale，2013；Hsu et al.，2021；张文菲等，2020）。另一些研究者发现，海外并购增强了企业的竞争优势，使企业可以直接获取和运用先进的技术，从而弱化并购企业的创新激励，抑制了企业的研发投入和创新水平（Szücs，2014；Federico et al.，2018；朱治理等，2016）。还有一些研究者则认为，海外并购与技术创新并不存在显著的因果关系（Bitzer and Kerekes，2008；Stiebale and Reize，2011）。产生这种分歧的原因，除了理论视角、数据和方法上的差异外，并购动机和行业相关性也是重要的影响因素。一方面，企业海外并购的动机除了获取先进技术外，还包括市场拓展、原材料获取和多元化经营等，甚至还有贯彻国家战略（钟宁桦等，2019）。而现有文献在实证研究中大多忽视了海外并购动机的异质性，往往将不同动机下的海外并购纳入同一研究范畴，较少有文献严格区分技术导向型海外并购并进一步考查相应的创新效应。另一方面，并购行业的相关性会影响并购双方知识库的融合程度，以及并购企业对标的企业先进技术的识别、吸收和消化能力（徐慧琳等，2019）。Desyllas 和 Hughes（2010）的研究表明，只有当并购双方处于相关行业时，海外并购才会提高主并企业的创新水平；反之，当并购双方处于不相关行业时，海外并购会降低主并企业的创新效率。然而，鲜有研究者在考查海外并购的创新效应时考虑并购双方的行业相关性。

与其他海外并购企业相比，环保企业海外并购呈现两大明显特征：一是存在强烈的技术寻求动机，如巴安水务 2016 年并购德国 ItN 公司，主要是为了获取纳米平板陶瓷超滤膜技术；永清环保 2015 年和 2016 年连续收购美国 Integrated Science & Technology 公司和加拿大 MC 公司，主要是为了提升自身在土壤修复领域的技术实力。二是技术导向型海外并购的标的企业与环保企业同属环保产业。由此，考查环保企业技术导向型海外并购的创新效应不仅能合理评估环保企业实施"走出去"战略的效果，还能在一定程度上弥补已有研究的不足并调和已有结论的争议，具有重要的理论意义和现实价值。此外，技术导向型海外并购对环保企业创新水平的影响并不是同质的，可能还受到高管海外经历、企业吸收能力和政府支持力度的调节作用。一方面，高管拥有海外经历和企业具有更强的吸收能力，意味着企业对海外先进技术的吸收消化和再创新能力就更强，同时也能降低海外并购后的组织冲突，提高并购双方的资源整合效率（贺晓宇、沈坤荣，2018；徐慧琳等，2019），进而提高环保企业的研发效率和创新水平；另一方面，政府补助等政策支持力度越大，越能缓解环保企业创新活动面临的融资约束限制，进而有助于降低企业的研发成本和研发风险（吴先明、马子涵，2022）。基于此，我们拟进一步考查高管海外经历、企业吸收能力和政府支持力度对技术导向型海外并购与环保企业创新水平的调节效应。

鉴于上述背景，我们利用2010—2021年A股上市环保企业数据，深入考查技术导向型海外并购对环保企业创新水平的影响效应及作用机理，其中技术导向型海外并购的完成时间为2012—2020年。具体而言，本书主要研究如下几个问题：技术导向型海外并购是否提升了环保企业的创新水平？如果答案是肯定的，其作用机理是什么？这一关系是否会受到高管海外经历、企业吸收能力和政府支持力度的调节？此外，这一关系在不同性质的企业中是否存在差异？

第二节　理论分析与研究假设

发达国家的环境治理起步较早，环保市场发展更为完善，不仅汇聚了全球知名的大型环保企业，而且掌握着最前沿的环保技术和项目经验。中国环保企业进军发达国家开展技术导向型海外并购活动，可能通过如下途径提升自身的创新水平：

第一，从资源基础角度来看，在发达国家开展技术导向型并购活动，不仅能够直接获得先进的环保技术、知识和项目经验等创新资源，还能间接享受发达国家高质量教育体系带来的智力支持、成熟的风险投资市场、完善的知识产权保护制度和良好的创新中介服务等特定优势资源（李梅、余天骄，2016；徐慧琳等，2019）。如先河环保在收购美国 Cooper Environmental Services 公司时宣称，先河环保进入美国开展投资活动可以近距离接触美国全球研发中心、全球技术领先地位、知识产权保护、教育优势、完善的基础设施和多元文化氛围等优势资源。这些创新资源不仅可以弥补环保企业的技术和知识缺口、突破资源束缚和创新思维限制，避免固有资源反复使用带来的创意僵化和路径依赖（Vermeulen et al., 2001），还能为企业利用异质性知识资源进行突破性创造和低成本、高效率地开展研发活动提供机遇。

第二，从组织学习角度来看，环保企业进行海外并购后，可以借助海外子公司的区位优势加强与海外知名环保企业、客户和供应商等的相互交流与沟通（吴先明、马子涵，2022），增强对海外先进环保知识和技术的学习、消化与吸收；同时，也能通过嵌入当地的创新生态系统，加强同当地企业、高校或科研机构在大气治理、水污染治理、土壤治理、环境监测、噪声与振动控制等多领域的产学研合作，在合作和互动中不断学习和积累隐性创新知识（李欠强等，2021），进而降低环保企业的研发风险并提升研发效率。

第三，从市场成熟度角度来看，中国环保企业进入发达国家成熟的环保市场，一方面能够接触最前沿的环保技术、产品需求和创新趋势，帮助企业及时掌握国际市场上最新的环保标准、绿色创新和产品需求信息（贺晓宇、沈坤荣，2018），并有针对性地开发出适合国际国内市场的新产品（徐慧琳等，2019），从而促进企业的创新活动（吴先明、马子涵，2022）；另一方面，发达国家成熟的环保市场渐趋饱和，市场竞争日益激烈，且居民更加偏好高质量的环保产品，这无疑会对中国环保企业产生"竞争同构"压力，倒逼其不得不通过加强技术创新来谋求生存并获得竞争优势（冼国明、明秀南，2018）。

第四，从规模效应和协同效应角度来看，海外并购可以降低产品的平均成本，从而分摊单位产品的研发成本（Cassiman et al.，2005；Xiao，2022），降低研发风险（蒋冠宏，2021）。同时，并购后，母公司和海外子公司在人才、知识、技术、信息和设备等战略资源方面的协同共享不仅可以减少重复性研发活动（Denicolo and Polo，2018），提升研发效率（De Man and Duysters，2005；陈爱贞、张鹏飞，2019），还能激励并购双方在环保领域展开深层次、宽领域的合作与研发，进而提升环保企业的创新水平。

然而，根据相关文献及中国环保企业海外并购的特征事实，技术导向型海外并购也可能降低环保企业的创新水平，这主要是因为以下几点：

第一，创新需要持续稳定的资金投入，但是，环保企业为完成海外并购所支付的金额普遍较大，这会加重企业的现金流压力。尤其是发达国家环保企业的资产负债率往往在80%左右，并购后会使环保企业的资产负债率急剧上升，从而削弱企业增加研发投入的动力与能力（陈爱贞、张鹏飞，2019）。最典型的例子莫过于中国天楹收购欧洲固废治理巨头 Urbaser 公司。2019年，中国天楹花费11.5亿欧元在完成对 Urbaser 公司100%股权收购的同时，其资产负债率飙升至75%，每年为还债而支付的财务费用超过5亿元，这极大地压缩了中国天楹的融资空间，严重限制了其创新战略的实施，最终迫使中国天楹在2021年出售了 Urbaser 公司以缓解财务危机。

第二，技术导向型海外并购可能对环保企业自身的研发创新产生替代效应。这一方面体现在收购发达国家的环保企业可以使母公司直接获取和运用最先进的环保技术，大大缩短自主创新的前导时间并降低了创新风险，进而弱化环保企业自身的创新激励（Cheung and Lin，2004；冼国明、明秀南，2019）。如尹亚红（2019）在总结中国企业技术创新特征事实的基础上指出，中国企业对外技术依赖程度过高，自主创新的动力和能力不足。另一方面体现在海外并购带来的规模和知识基础扩张能够增强环保企业的市场势力，弱化环保企业通过增强研发创新能力而增强市场势力的激励（陈爱贞、张鹏飞，2019），进而抑制环保企业的创新水平。

第三，中国和发达国家，尤其是欧美发达国家在正式制度和非正式制度上存在巨大差异，这种差异引致的合法性冲突不仅会影响环保企业对目标企业先进技术和知识的吸收、消化和再创新能力，也会影响并购后的资源整合效果，从而对环保企业的创新水平产生不利影响。如朱治理等（2016）的研究发现，中国与欧美国家之间的文化距离阻碍了企业之间的知识吸收和资源整合，导致海外并购对中国企业的技术创新产生了持续的负面作用。一些环保企业在技术导向型海外并购后也对制度距离可能产生的风险表示了担忧，如维尔利在收购德国 EuRec 公司后指出，中国与德国在法律规定、政策体系和商业环境上存在较大差异，这些差异为子公司的经营和管理带来一定的挑战。再如雪迪龙在收购比利时 Orthodyne 公司后，也对文化差异造成的协同障碍以及自身对 Orthodyne 公司技术的整合、消化能力作出了风险提示。

综上所述，本书提出研究假设 H1：

假设 H1a：技术导向型海外并购提升了环保企业的创新水平；

假设 H1b：技术导向型海外并购抑制了环保企业的创新水平。

第三节 研究设计

一、样本选择与数据来源

本书以2010—2021年A股上市环保企业为研究样本，其中技术导向型海外并购的完成时间为2012—2020年[①]。参考现有文献的做法，我们对初选数据进行了如下处理：（1）删除样本期间内被ST、*ST类上市公司；（2）剔除销售收入小于0和资不抵债等异常值样本；（3）为保证样本的持续性，剔除观测值少于4的样本企业；（4）删除关键数据不全的样本；（5）剔除东道国位于开曼群岛、英属维尔京群岛等避税天堂的并购事件以及属于关联交易的并购事件。经过上述处理，我们最终获得109家环保企业共952个样本观测值。为缓解离群值对研究结论的影响，我们还对全部连续变量进行了上下1%的缩尾处理。在数据来源方面，环保企业名单来自《2021中国环保产业发展状况报告》，以及东方财富、大智慧等财经网站的环保板块。海外并购数据来自国泰安数据库和东方财富并购重组库，并通过百度搜索、新浪财经和上市公司年报等途径进行确认、补充和删除。其他财务数据和公司治理数据均来自国泰安数据库和CNRDS数据库。

二、模型设计与变量定义

（一）模型设计

为检验技术导向型海外并购对环保企业创新水平的影响，我们参考张文菲等（2020）、蒋冠宏（2021）的研究，建立双重差分模型（4-1）：

---

① 2012年聚光科技收购荷兰Bohnen Beheer B.V.是我国环保企业海外并购的开端。

$$Fpatent = \alpha_0 + \alpha_1 Treat \times Post + \alpha_2 X' + \lambda + \mu + \varepsilon \qquad (4-1)$$

（二）变量定义

1.被解释变量

Fpatent 表示企业的创新水平。考虑到海外并购需要一定的整合期以及创新产出的长周期性，参考李青原和肖泽华（2020）、唐国平和孙洪锋（2022）的研究，我们使用未来一期专利授权数的自然对数来衡量企业的创新水平。

2.解释变量

Treat 为处理组虚拟变量，我们将进行过技术导向型海外并购的环保企业定义为处理组，取值为1；将从没有进行过海外并购的环保企业定义为对照组，取值为0。对于技术导向型海外并购的界定，我们通过查阅环保企业海外并购公告，将以下两种情况判定为技术导向型海外并购：（1）公告中明确提到以获取海外标的企业先进技术、提升自身技术水平为目标。如永清环保在收购拿大MC公司的公告中指出，公司收购MC公司是为了引进ET-DSPTM热修复技术，从而提升公司有机物污染原位修复技术能力，并增强公司在工业场地治理修复领域的核心竞争力。（2）公告中虽没有明确提到以获取海外标的企业先进技术为目标，但是对标的企业的先进技术进行了相关介绍，并表示在收购后将通过整合和协同加强交流与合作，从而增强公司的技术实力。如巴安水务在收购美国Doosan Hydro Technology公司的公告中，重点强调了该公司的先进技术，并表示在收购完成后将最大限度地发挥在技术等方面的协同效应，从而提高自身的技术储备。

Post 为环保企业进行技术导向型海外并购的时间虚拟变量，在并购之前取值为0，并购之后取值为1。需要指出的是，针对部分企业存在多次海外并购的现象，我们参考现有文献的做法（李梅、余天骄，2016；冼国明、明秀南，2018），选择企业第一次进行海外并购

的时间作为并购时间。由于模型中控制了企业个体固定效应，因此不必再控制 *Treat* 和 *Post* 的单独项。

3.控制变量

X 表示控制变量。参考 Zhang 等（2018）、贺晓宇和沈坤荣（2018）、张文菲等（2020）的研究，我们选取的控制变量具体包括企业规模（*Size*）、资产负债率（*Lev*）、资产收益率（*Roa*）、营业收入增长率（*Growth*）、经营活动现金流（*Cash*）、资本密集度（*Capital*）、*TobinQ* 值、企业年龄（*Age*）、产权性质（*Soe*）、股权集中度（*Top1*）、管理层持股（*Mshare*）、董事会规模（*Board*）、独董比例（*Rinde*）、两职合一（*Dual*）。*λ* 表示年份固定效应，*μ* 表示企业个体固定效应。主要变量定义和说明见表4-1。

表4-1 主要变量定义和说明

变量名称	变量符号	变量说明
创新水平	*Fpatent*	企业未来一期专利授权数加1取自然对数
处理组虚拟变量	*Treat*	企业进行了技术导向型海外并购取值为1，企业没有进行过海外并购取值为0
时间虚拟变量	*Post*	海外并购后取值为1，否则取值为0
企业规模	*Size*	企业年末总资产的自然对数
资产负债率	*Lev*	企业年末总负债与年末总资产的比值
资产收益率	*Roa*	企业年末净利润与年末总资产的比值
营业收入增长率	*Growth*	企业当年营业收入减上年营业收入除以上年营业收入
经营活动现金流	*Cash*	年末经营活动现金流与年末总资产的比值
资本密集度	*Capital*	企业固定资产与总资产的比重
TobinQ 值	*TobinQ*	企业市值与总资产的比值

变量名称	变量符号	变量说明
企业年龄	*Age*	企业成立年数的自然对数
产权性质	*Soe*	国有企业取值为1，非国有企业取值为0
股权集中度	*Top1*	第一大股东持股数量与总股本的比值
管理层持股	*Mshare*	管理层持有企业股票取值为1，否则取值为0
董事会规模	*Board*	企业董事会总人数的自然对数
独董比例	*Rinde*	独立董事人数与董事会人数的比值
两职合一	*Dual*	企业董事长和总经理为同一人取值为1，否则取值为0

第四节 实证结果与分析

一、描述性统计分析

主要变量的描述性统计结果见表4-2。可以看到，*Fpatent* 的均值和中值分别为1.539和1.386，最小值和最大值分别为0.000和4.419，标准差为1.395，说明不同环保企业之间的创新水平存在较大差距。*Treat* 的均值为0.158，说明约有15.8%的环保企业进行过技术导向型海外并购。*Post* 的均值为0.096，说明海外并购后的处理组约占总样本的9.6%。在控制变量方面，*Size* 的最小值和最大值分别为18.975和25.144，*Lev* 的最小值和最大值分别为0.070和0.883，说明不同环保企业之间的资产规模和资本结构存在较大差异。*Age* 的均值为2.851，说明环保企业的平均成立时间约为18年。*Soe* 的均值为0.503，说明国有环保企业和非国有环保企业的数量基本接近。其他变量的统计值均处于合理区间，不再赘述。此外，方差膨胀因子（VIF）诊断显示，平均 VIF 值为 1.56，最大值为 2.69，小于门槛值 10，由此可以排除多重共线性问题对研究结论的影响。

表4-2　　　　　　　　　　　　主要变量描述性统计

变量	样本量	均值	标准差	最小值	中位数	最大值
Fpatent	952	1.539	1.395	0.000	1.386	4.419
Treat	952	0.158	0.365	0.000	0.000	1.000
Post	952	0.096	0.294	0.000	0.000	1.000
Size	952	22.234	1.195	18.975	22.177	25.144
Lev	952	0.484	0.192	0.070	0.501	0.883
Roa	952	0.036	0.042	−0.144	0.035	0.162
Growth	952	0.243	0.518	−0.561	0.132	3.430
Cash	952	0.032	0.065	−0.183	0.033	0.209
Capital	952	0.189	0.154	0.006	0.140	0.680
TobinQ	952	1.892	1.415	0.837	1.524	11.777
Age	952	2.851	0.347	1.609	2.890	3.497
Soe	952	0.503	0.500	0.000	1.000	1.000
Top1	952	33.762	14.022	10.440	30.620	69.270
Mshare	952	0.692	0.462	0.000	1.000	1.000
Board	952	2.307	0.253	1.609	2.303	2.890
Rinde	952	1.313	0.276	0.693	1.386	1.946
Dual	952	0.208	0.406	0.000	0.000	1.000

处理组环保企业创新水平在海外并购前后的组间差异结果见表4-3。可以看到，在进行技术导向型海外并购之前，处理组创新水平的均值和中值分别为 1.958 和 2.384；在进行技术导向型海外并

购之后，处理组创新水平的均值和中值分别为2.197和2.708，且均值和中值均存在显著差异，这初步表明技术导向型海外并购提升了环保企业的创新水平，但更稳健的结论尚需要进一步的实证检验。

表4-3　　　　　处理组环保企业在海外并购前后的组间差异

变量	海外并购之前		海外并购之后		组间差异	
	均值	中值	均值	中值	均值差异	中值差异
$Fpatent$	1.958	2.384	2.197	2.708	0.425**	5.377**

注：**表示在5%水平上显著。

二、基准回归分析结果

技术导向型海外并购与环保企业创新水平基本关系检验结果见表4-4。第（1）列在仅控制年份固定效应和企业个体固定效应的情况下，交乘项$Treat×Post$的回归系数为0.354，在5%的水平上显著为正。第（2）列控制了全部控制变量、年份固定效应和企业个体固定效应，结果显示，交乘项$Treat×Post$的回归系数为0.367，在5%的水平上显著为正。这些结果表明，尽管技术导向型海外并购在理论上可能降低环保企业的创新水平，但是就整体而言，现阶段中国环保企业通过并购发达国家标的企业来获取先进技术能够发挥跳板作用，从而提升自身的创新能力和创新水平，支持了研究假设H1a。

表4-4　技术导向型海外并购与环保企业创新水平基本关系检验

变量名称	（1）	（2）	（3）	（4）	（5）
	$Fpatent$	$Fpatent$	$FmPatent$	$SyPatent$	$WgPatent$
$Treat×Post$	0.354**	0.367**	−0.063	0.383**	0.298***
	(0.012)	(0.014)	(0.518)	(0.030)	(0.003)

变量名称	（1）Fpatent	（2）Fpatent	（3）FmPatent	（4）SyPatent	（5）WgPatent
Size		0.026	0.021	0.049	−0.099**
		(0.774)	(0.717)	(0.566)	(0.027)
Lev		−0.626*	−0.333	−0.625*	0.207
		(0.078)	(0.167)	(0.084)	(0.176)
Roa		−0.677	−0.648	−0.234	0.527
		(0.429)	(0.311)	(0.798)	(0.191)
Growth		0.017	0.026	0.032	−0.018
		(0.714)	(0.388)	(0.516)	(0.330)
Cash		0.235	0.370	0.356	0.174
		(0.629)	(0.245)	(0.456)	(0.321)
Capital		0.620**	0.244	0.318	0.332***
		(0.048)	(0.222)	(0.280)	(0.007)
TobinQ		−0.064**	−0.044*	−0.047*	−0.020
		(0.021)	(0.068)	(0.085)	(0.148)
Age		−0.390	−0.446	−0.020	0.096
		(0.401)	(0.158)	(0.969)	(0.731)
Soe		0.024	−0.357**	0.118	0.036
		(0.879)	(0.010)	(0.472)	(0.492)
Top1		0.002	−0.007*	0.004	0.001
		(0.708)	(0.066)	(0.474)	(0.385)
Mshare		−0.065	−0.131**	−0.084	0.025
		(0.490)	(0.029)	(0.325)	(0.583)

続表

变量名称	（1） *Fpatent*	（2） *Fpatent*	（3） *FmPatent*	（4） *SyPatent*	（5） *WgPatent*
Board		−0.098	0.065	−0.162	0.065
		(0.666)	(0.709)	(0.474)	(0.515)
Rinde		−0.019	−0.112	0.085	0.012
		(0.912)	(0.400)	(0.629)	(0.884)
Dual		−0.049	−0.052	0.020	−0.093**
		(0.595)	(0.435)	(0.826)	(0.048)
Constant	1.264***	2.224	2.045	0.375	1.669
	(0.000)	(0.331)	(0.188)	(0.871)	(0.211)
Year/Firm	Yes	Yes	Yes	Yes	Yes
Adj-R^2	0.725	0.726	0.676	0.662	0.535
N	952	952	952	952	952

注：***、**、*分别表示在1%、5%、10%水平上显著；括号内为*P*值。

尽管技术导向型海外并购提升了环保企业的整体创新水平，但是其是否切实提升了环保企业的创新质量尚不清晰。一方面，中国等新兴经济体企业擅长学习模仿（Di Minin et al.，2012），且更偏好低风险的创新活动（胡潇婷等，2020），加之中国企业普遍存在利用"策略性"创新来套取政府补助的现象（黎文靖、郑曼妮，2016），因此，环保企业海外并购后可能仅利用新技术和新知识对原有工艺或技术方案进行轻微改进，而对高质量的突破性或原创性创新并没有明显影响。另一方面，在国内环保市场需求急剧扩大的背景下，为掌握核心技术并提升自身的竞争优势，环保企业在海外并购后，也可能积极利用东道国的创新资源、创新平台以及创新网络开展高质量的技术创新活动（吴先明、马子涵，2022）。已有的为数不多的关于海外并购与创新质量的研究也得出了不一致的结论。如冼国明和明秀南（2018）发现，海外并购不仅增加了主并企业的创新产出，而且显著增加了质量较高的发明专利和实用新型专利的数量，对质量较低的外观设计专利产生了负向作用。黄苹和蔡火娣（2020）的结论恰好相反，他们发现，海外并购虽然增加了中国企业的创新产出，却对创新质量产生了抑制作用。

为检验技术导向型海外并购对环保企业创新质量的影响，我们参考冼国明和明秀南（2018）、唐国平和孙洪锋（2022）的研究，将 $Fpatent$ 按照创新质量的高低依次分为发明专利（$FmPatent$）、实用新型专利（$SyPatent$）和外观设计专利（$WgPatent$），并分别代入模型（4-1）进行检验。表4-4第（3）列至第（5）列报告了检验结果。可以看到，以 $FmPatent$ 为被解释变量时，交乘项 $Treat \times Post$ 的回归系数为-0.063，没有通过显著性检验。以 $SyPatent$ 和 $WgPatent$ 为被解释变量时，交乘项 $Treat \times Post$ 的回归系数分别为 0.383 和 0.298，至少在5%的水平上显著为正。这表明在现阶段，以获取发达国家先进技术为目标的海外并购活动主要扩大了中国环保企业的创新产出规模，对创新质量的提升作用相对不明显。这可能有以下两方面原因：第一，环保企业更偏好低风险的创新活动，并没有利用标的企业先进的技术和知识来开展高质量创新活动。第二，海外并购需要较长的整合期，加之高质量创新活动的技术难度更高，因此，相对于实用新型专利和外观设计专利，发明专利从创新投入到专利授权需要花费更长的时间，短期内技术导向型海外并购对发明专利的影响不显著。

三、调节效应分析

（一）高管海外经历

我国与发达国家往往存在较大的文化距离，海外并购可能产生组织冲突，引发标的企业员工的敌对情绪，提高核心技术人员的离职率，导致企业资源耗散，从而损害环保企业的创新水平（Cloodt et al.，2006；朱治理等，2016）。相较本土高管，拥有海外经历的高管在语言和跨文化沟通方面具有独特优势，能够增强并购双方的沟通意愿和沟通强度（周中胜等，2020），提高组织内部人员的信任度，降低组织的文化冲突，促进隐性知识和技术资源从标的企业向环保企业内部转移（Empson，2001）。因此，高管的海外经历通常被认为是企业跨文化整合能力的象征，也是影响并购整合效率的重要因素。如周中胜等（2020）发现，相对于高管没有海外经历的公司，高管有海外经历的公司跨文化整合能力更强，其海外并购绩效也更好。

为检验高管海外经历对技术导向型海外并购与环保企业创新水平关系的调节作用，参考吴映玉和陈松（2017）、周中胜等（2020）的研究，我们以环保企业高管团队成员是否具有海外留学或工作经历作为高管海外经历的确认标准，并设置高管海外经历哑变量（Overback）。表4-5第（1）列和第（2）列报告了分组检验结果。可以看到，在高管具有海外经历组（Overback=1），交乘项 Treat×Post 的回归系数为0.497，在1%的水平上显著为正；而在高管没有海外经历组（Overback=0），交乘项 Treat×Post 的回归系数为-0.234，没有通过显著性检验。这表明技术导向型海外并购对环保企业创新水平的提升作用依赖高管的海外经历，只有当企业拥有较强的跨文化整合能力时，技术导向型海外并购才能提升环保企业的创新水平。

表4-5 调节效应检验

变量名称	（1） Overback=1 Fpatent	（2） Overback=0 Fpatent	（3） Rdration-H Fpatent	（4） Rdration-L Fpatent	（5） Subsidy-H Fpatent	（6） Subsidy-L Fpatent
Treat×Post	0.497***	−0.234	0.434**	0.144	0.638**	0.321
	(0.010)	(0.606)	(0.013)	(0.598)	(0.017)	(0.114)
Size	−0.063	0.619***	0.118	−0.029	−0.021	0.058
	(0.626)	(0.000)	(0.582)	(0.782)	(0.934)	(0.600)
Lev	−0.571	−1.592**	−1.487**	−0.252	−1.323	−0.180
	(0.245)	(0.011)	(0.030)	(0.535)	(0.112)	(0.670)
Roa	−2.365*	−0.312	−0.325	−0.998	−4.785**	−0.257
	(0.070)	(0.800)	(0.817)	(0.369)	(0.024)	(0.802)
Growth	0.030	−0.062	0.142	−0.029	0.212**	−0.008
	(0.715)	(0.293)	(0.166)	(0.525)	(0.028)	(0.884)
Cash	0.346	0.310	1.981**	−0.709	−0.492	−0.424
	(0.661)	(0.572)	(0.032)	(0.122)	(0.619)	(0.460)
Capital	0.408	1.034**	0.071	0.884**	−0.082	1.207***
	(0.419)	(0.047)	(0.933)	(0.011)	(0.868)	(0.007)
TobinQ	−0.112**	0.130***	−0.057	−0.048	−0.062	−0.033
	(0.011)	(0.004)	(0.421)	(0.195)	(0.381)	(0.342)
Age	−1.193*	1.105	−0.964	−0.464	−0.883	−0.759
	(0.060)	(0.179)	(0.278)	(0.541)	(0.538)	(0.273)
Soe	−0.077	0.150	−0.117	0.069	0.153	−0.020
	(0.716)	(0.539)	(0.580)	(0.716)	(0.604)	(0.911)

变量名称	（1） Overback=1 Fpatent	（2） Overback=0 Fpatent	（3） Rdration-H Fpatent	（4） Rdration-L Fpatent	（5） Subsidy-H Fpatent	（6） Subsidy-L Fpatent
Top1	−0.002	0.012	−0.008	0.005	−0.004	0.004
	（0.783）	（0.150）	（0.444）	（0.399）	（0.717）	（0.583）
Mshare	−0.002	−0.396***	−0.424**	−0.006	0.092	0.066
	（0.987）	（0.007）	（0.044）	（0.948）	（0.714）	（0.557）
Board	−0.136	0.176	−0.019	−0.319	−0.156	−0.361
	（0.685）	（0.576）	（0.966）	（0.210）	（0.746）	（0.215）
Rinde	0.034	−0.322	0.023	0.090	−0.040	0.073
	（0.891）	（0.205）	（0.935）	（0.681）	（0.905）	（0.739）
Dual	−0.066	0.315**	0.160	−0.101	−0.013	−0.038
	（0.564）	（0.034）	（0.226）	（0.411）	（0.929）	（0.752）
Constant	6.549*	−15.105***	2.263	3.138	5.579	2.247
	（0.051）	（0.000）	（0.648）	（0.318）	（0.293）	（0.477）
Year/Firm	Yes	Yes	Yes	Yes	Yes	Yes
Adj-R^2	0.707	0.809	0.633	0.771	0.872	0.711
N	591	361	459	493	243	709
P 值	0.000***		0.000***		0.002***	

注：***、** 和 * 分别表示在1%、5%、10%水平上显著；括号内为P值。

（二）环保企业吸收能力

上述分析表明，技术导向型海外并购提升了环保企业的创新水平，但是这种提升效果可能受到环保企业自身吸收能力的调节。吸收能力是指企业在实践中识别、消化和利用外部知识和资源的能力（Cohen and Levinthal，1989）。吸收能力强的环保企业，一方面能够敏锐地察觉自身与目标企业之间的技术差距，充分汲取和整合在发达国家获取的新知识和新技术并将其运用到内部研发过程来增强自身的创新能力（贺晓宇、沈坤荣，2018）；另一方面能够通过模仿东道国企业的创新实践来应对内外部合法性压力以降低在东道国经营的不确定性风险，从而更好地利用东道国的特定优势资源来增强自身的研发实力（李梅、余天骄，2016）。Penner-Hahn和Shaver（2005）对日本制药企业研发国际化的研究表明，只有当企业具备对东道国新技术和新知识的吸收、消化能力时，公司的创新能力才会提升。贾妮莎等（2020）的研究发现，中国企业对东道国企业先进技术的吸收、再创造能力不足，这导致对外直接投资活动仅增加了中国企业的研发投入而没有增加研发产出。

为检验吸收能力对技术导向型海外并购与环保企业创新水平关系的调节作用，我们参考李梅和余天骄（2016）、贺晓宇和沈坤荣（2018）的研究，使用研发投入占主营业务收入的比重（$Rdration$）来度量企业的吸收能力，并根据样本均值对模型（4-1）进行分组检验。表4-5第（3）列和第（4）列报告了分组检验结果。可以看到，在企业吸收能力较强组（$Rdration-H$），交乘项$Treat×Post$的回归系数为0.434，在5%的水平上显著为正；而在企业吸收能力较弱组（$Rdration-L$），交乘项$Treat×Post$的回归系数为0.144，没有通过显著性检验。这表明技术导向型海外并购对环保企业创新水平的提升作用依赖企业自身的吸收能力，只有当企业的吸收能力较强时，才能对海外先进技术和知识进行有效吸收、消化和再创新。

（三）政府支持力度

创新是一项周期长、投资大、风险高的投资活动，相较其他投资活动，更易受到融资约束的制约（任宇新等，2022），尤其是在环保企业为完成海外并购而支付巨额的并购金额后，环保企业的创新活动更可能因为资金不足而陷入停滞。此时，若政府给予环保企业较大的支持力度，不仅能够直接缓解企业的财务压力，降低企业研发投入的风险和成本（吴先明、马子涵，2022），还能向资本市场传递政府认可的积极信号（Wu，2017），帮助环保企业获得更多的市场融资机会，从而间接缓解环保企业的融资约束，促使其积极利用海外并购的逆向技术溢出效应开展自主创新活动。此外，无论是创新活动本身还是海外并购后对标的企业先进技术的吸收、消化，都依赖高质量的人力资本（Nelson and Phelps，1966），政府给予环保企业更大力度的支持，企业就能花费更多的资金招聘高素质人才，提高人力资本质量，为环保企业海外并购后开展创新活动提供智力支持。已有文献也为此提供了相应的证据支持。如吴先明和马子涵（2022）发现，政府资源支持能够强化海外并购对企业创新的积极作用。

为检验政府支持力度对技术导向型海外并购与环保企业创新水平关系的调节作用，我们参考卢洪友等（2019）的研究，使用政府补助的自然对数（*Subsidy*）来度量政府支持力度，并根据样本均值对模型（4-1）进行分组检验。表4-5第（5）列和第（6）列报告了分组检验结果。可以看到，在政府补助水平较高组（*Subsidy-H*），交乘项*Treat×Post*的回归系数为0.638，在5%的水平上显著为正；而在政府补助水平较低组（*Subsidy-L*），交乘项*Treat×Post*的回归系数为0.321，没有通过显著性检验。这表明技术导向型海外并购对环保企业创新水平的提升作用与政府支持力度显著相关，较大的政府支持力度能够有效缓解环保企业的融资约束，并降低企业的研发风险和研发成本，进而促进企业的研发创新。

四、稳健性检验

（一）平行趋势检验

处理组和对照组满足平行趋势是使用双重差分模型的重要前提。为检验基准回归模型是否符合平行趋势假设，我们参考 Amore 和 Minichilli（2018）、魏明海和刘秀梅（2021）的研究，通过构建动态双重差分模型（4-2）进行平行趋势检验：

$$Fpatent = \alpha_0 + \alpha_1 Treat \times Before_{t-n} + \alpha_2 Current + \alpha_3 Treat \times After_{t+n} + \alpha_4 X' + \lambda + \mu + \varepsilon \quad (4-2)$$

在模型（4-2）中，$Before_{t-n}$表示环保企业海外并购前第$t-n$年，$Current$表示环保企业海外并购当年，$After_{t+n}$表示环保企业海外并购后第$t+n$年。若处理组和对照组满足平行趋势假设，则交乘项$Treat \times Before_{t-n}$的系数应不显著。表4-6报告了模型（4-2）的回归结果。第（1）列是在仅控制年份固定效应和企业个体固定效应的情况下，技术导向型海外并购对环保企业创新水平影响的动态效应。可以看到，交乘项$Treat \times Before_{t-3}$、$Treat \times Before_{t-2}$和$Treat \times Before_{t-1}$的系数在统计意义上均不显著，而交乘项$Treat \times After_{t+1}$、$Treat \times After_{t+2}$和$Treat \times After_{t+3}$的系数至少在10%的水平上显著为正。第（2）列进一步加入了基准回归模型中的相关控制变量。可以看到，结果保持不变。这说明在进行技术导向型海外并购之前，处理组和对照组的创新水平没有表现出明显的趋势性差异，并且技术导向型海外并购对环保企业创新水平的提升作用具有持续性。

表4-6 平行趋势检验

变量名称	（1）	（2）
	Fpatent	Fpatent
$Treat \times Before_{t-3}$	0.164	0.145
	（0.567）	（0.596）

变量名称	（1）	（2）
	$Fpatent$	$Fpatent$
$Treat{\times}Before_{t-2}$	0.151	0.134
	（0.614）	（0.654）
$Treat{\times}Before_{t-1}$	0.245	0.247
	（0.353）	（0.357）
$Treat{\times}Current$	0.291	0.293
	（0.318）	（0.321）
$Treat{\times}Afetr_{t+1}$	0.567*	0.558*
	（0.055）	（0.071）
$Treat{\times}Afetr_{t+2}$	0.497*	0.495*
	（0.066）	（0.080）
$Treat{\times}Afetr_{t+3}$	0.609**	0.656**
	（0.026）	（0.024）
$Size$		0.022
		（0.807）
Lev		−0.648*
		（0.073）
Roa		−0.665
		（0.437）
$Growth$		0.022
		（0.648）
$Cash$		0.227
		（0.641）
$Capital$		0.618**
		（0.050）

变量名称	（1）	（2）
	Fpatent	Fpatent
TobinQ		−0.064**
		（0.021）
Age		−0.427
		（0.357）
Soe		0.026
		（0.868）
Top1		0.003
		（0.657）
Mshare		−0.069
		（0.463）
Board		−0.124
		（0.585）
Rinde		0.011
		（0.951）
Dual		−0.043
		（0.640）
Constant	1.254***	2.397
	（0.000）	（0.298）
Year/Firm	Yes	Yes
Adj-R^2	0.724	0.725
N	952	952

注：***、** 和 * 分别表示在1%、5%、10%水平上显著；括号内为 P 值。

（二）安慰剂检验

为了排除遗漏变量的影响，验证技术导向型海外并购产生的创新水平提升效应并非随机的，我们参考Dimmock等（2018）、唐国平和孙洪锋（2022）的研究，采用随机生成处理组的方式进行安慰剂检验。具体来说，我们将样本随机分成两组，视其中一组（虚拟处理组）进行了技术导向型海外并购，另一组（虚拟对照组）没有进行过技术导向型海外并购，并将上述过程重复500次，以避免偶然性事件的发生。由于虚拟处理组为随机生成，并非真正进行了技术导向型海外并购的环保企业，此时应看不到相应的估计效果，即估计系数与0无明显差异。技术导向型海外并购对环保企业创新水平影响的伪系数分布情况如图4-1所示。可以看到，交乘项 $Treat \times Post$ 的估计系数集中分布在0附近，远小于真实的估计系数0.367（即图4-1中虚线所示的估计系数），这表明基准回归结果不是由随机因素导致的，环保企业创新水平的提升的确是技术导向型海外并购所带来的。

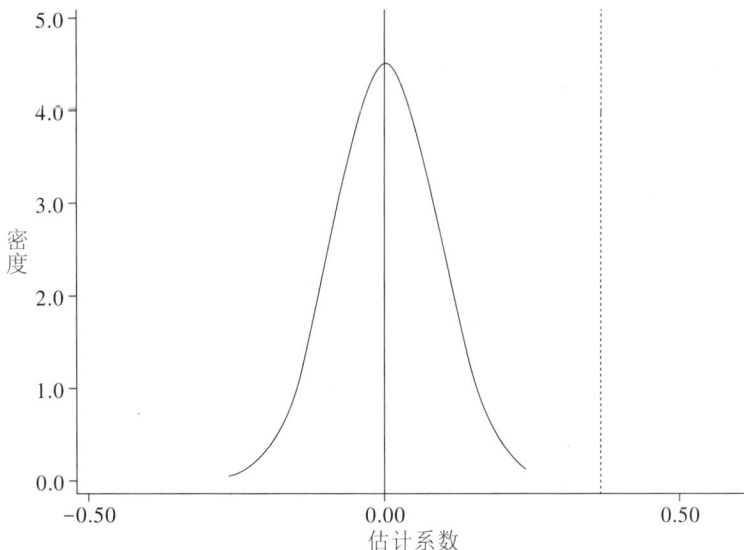

图4-1　技术导向型海外并购对环保企业创新水平影响的安慰剂检验

（三）倾向得分匹配

根据企业异质性理论及已有的海外并购相关研究，进行技术导向型海外并购的环保企业并非随机的，企业规模、企业年龄、资本密集度、生产率和资产负债率等因素均会影响环保企业的海外并购决策（Davies et al.，2018；蒋冠宏，2021）。为了减少样本选择偏差带来的内生性问题，我们参考孙江明和居文静（2019）、蒋冠宏（2021）的研究，使用倾向得分匹配来解决。具体来说，首先估计每家环保企业进行技术导向型海外并购的概率，筛选出那些最有可能进行技术导向型海外并购的企业，并将其定义为处理组；然后参考冼国明和明秀南（2018）、张文菲等（2020）的研究，选择企业规模（Size）、资产负债率（Lev）、资产收益率（Roa）、经营活动现金流（Cash）、资本密集度（Capital）、企业年龄（Age）、产权性质（Soe）、总资产周转率（Ast）、劳动生产率（Lp）等变量作为匹配标准，为每一个处理组匹配出海外并购概率最接近而又未进行海外并购的环保企业，并将其作为对照组。表4-7报告了平衡性检验结果。可以看到，匹配前处理组与对照组的特征变量均值存在显著差异，匹配后均值差异变得不再显著，表明匹配变量和匹配方法的选取较为合理。表4-8第（1）列报告了 PSM+DID 回归结果。可以看到，交乘项 Treat×Post 的回归系数为0.470，在1%的水平上显著为正，上述基本结论保持不变。

表4-7　　　　　　　　　　倾向得分匹配平衡性检验

匹配变量	样本	均值差异		T值（P值）	偏差	
		处理组	控制组		%bias	%reduct
Size	匹配前	22.393	22.204	1.78（0.076）	16.4	93.1
	匹配后	22.313	22.3	0.10（0.923）	1.1	
Lev	匹配前	0.458	0.489	−1.86（0.063）	−16.8	66.1
	匹配后	0.450	0.439	0.46（0.643）	5.7	

匹配变量	样本	均值差异		T值（P值）	偏差	
		处理组	控制组		%bias	%reduct
Roa	匹配前	0.043	0.035	2.29（0.022）	20.2	-99.9
	匹配后	0.044	0.044	-0.00（0.999）	-0.0	
Cash	匹配前	0.021	0.034	-2.27（0.023）	-22.0	76.2
	匹配后	0.021	0.024	-0.47（0.640）	-5.2	
Capital	匹配前	0.122	0.201	-5.90（0.000）	-62.9	94.6
	匹配后	0.123	0.118	0.42（0.673）	3.4	
Age	匹配前	2.778	2.864	-2.79（0.005）	-24.9	71.9
	匹配后	2.758	2.734	0.52（0.600）	7.0	
Soe	匹配前	0.187	0.562	-8.77（0.000）	-84.1	96.7
	匹配后	0.175	0.163	0.28（0.783）	2.7	
Ast	匹配前	0.376	0.423	-2.13（0.033）	-21.7	41.6
	匹配后	0.377	0.350	1.34（0.180）	12.7	
Lp	匹配前	13.624	13.934	-4.69（0.000）	-46.5	96.8
	匹配后	13.669	13.679	-0.15（0.880）	-1.5	

（四）Heckman 两阶段模型

为进一步缓解样本自选择带来的内生性问题，我们参考刘青等（2017）、徐慧琳等（2019）的研究，使用 Heckman 两阶段模型进行检验。具体来说，首先，在第一阶段建立一个环保企业是否进行技术导向型海外并购的 Probit 模型，以环保企业是否进行技术导向型海外并购的虚拟变量作为因变量，自变量包括企业规模（Size）、资产负债率（Lev）、资产收益率（Roa）、经营活动现金流（Cash）、资本密集度（Capital）、企业年龄（Age）、产权性质（Soe）、总资产周转率（Ast）、劳动生产率（Lp）等。其次，将第一阶段计算出的逆米尔斯比例（IMR）作为控制变量加入模型（4-1）中进行第二阶段回归。

表4-8第（2）列报告了第二阶段回归结果。可以看到，在控制逆米尔斯比例后，交乘项 $Treat \times Post$ 的回归系数为0.368，在5%的水平上显著为正，结论保持稳健。

表4-8 稳健性检验

变量名称	（1） Fpatent	（2） Fpatent	（3） Fpatent	（4） F2patent	（5） Fpat	（6） FEnvrPat
$Treat \times Post$	0.470***	0.368**	0.345**	0.429***	0.387**	7.244***
	（0.007）	（0.013）	（0.020）	（0.005）	（0.031）	（0.002）
Size	0.370**	0.030	0.146	0.007	−0.017	−0.860
	（0.025）	（0.747）	（0.367）	（0.946）	（0.860）	（0.433）
Lev	−1.125*	−0.627*	−1.042*	−0.847**	−0.470	−2.785
	（0.052）	（0.078）	（0.062）	（0.033）	（0.239）	（0.497）
Roa	−1.073	−0.653	0.202	−0.479	−0.331	−10.043
	（0.491）	（0.454）	（0.876）	（0.622）	（0.755）	（0.398）
Growth	0.103	0.017	0.088	−0.020	0.050	−0.165
	（0.339）	（0.725）	（0.327）	（0.701）	（0.377）	（0.782）
Cash	−0.083	0.215	0.517	0.932*	0.937*	10.279*
	（0.937）	（0.656）	（0.501）	（0.059）	（0.081）	（0.068）
Capital	3.017***	0.600*	2.373***	0.567*	0.510	3.891
	（0.005）	（0.054）	（0.002）	（0.094）	（0.121）	（0.287）
TobinQ	−0.101	−0.065**	−0.175***	−0.071**	−0.075**	−0.794***
	（0.309）	（0.021）	（0.001）	（0.022）	（0.018）	（0.007）
Age	−1.674**	−0.408	−0.930*	−0.282	−0.587	−1.275
	（0.017）	（0.387）	（0.091）	（0.622）	（0.264）	（0.833）

变量名称	（1）	（2）	（3）	（4）	（5）	（6）
	Fpatent	*Fpatent*	*Fpatent*	*F2patent*	*Fpat*	*FEnvrPat*
Soe	0.282	0.009	0.017	−0.080	−0.365*	2.115
	（0.499）	（0.957）	（0.933）	（0.704）	（0.075）	（0.387）
Top1	0.011	0.002	0.005	−0.001	0.003	0.070
	（0.266）	（0.714）	（0.597）	（0.854）	（0.567）	（0.295）
Mshare	0.092	−0.063	−0.000	−0.180	−0.090	−0.249
	（0.660）	（0.499）	（1.000）	（0.101）	（0.386）	（0.819）
Board	−0.180	−0.093	−0.204	0.010	−0.411	−0.033
	（0.691）	（0.680）	（0.485）	（0.965）	（0.120）	（0.991）
Rinde	−0.082	−0.023	−0.003	0.086	0.243	−0.484
	（0.804）	（0.895）	（0.989）	（0.631）	（0.207）	（0.825）
Dual	−0.198	−0.050	−0.038	−0.035	−0.002	−0.101
	（0.190）	（0.589）	（0.754）	（0.732）	（0.988）	（0.928）
IMR		0.048				
		（0.865）				
Constant	−1.948	2.186	2.630	2.370	4.289*	28.362
	（0.631）	（0.341）	（0.474）	（0.372）	（0.087）	（0.343）
Year/Firm	Yes	Yes	Yes	Yes	Yes	Yes
Adj-R^2/P-R^2	0.685	0.725	0.214 （0.245）	0.742	0.701	0.659
N	404	952	952	825	952	952

注：***、**和*分别表示在1%、5%、10%水平上显著；括号内为*P*值。

（五）改变回归模型

由于专利授权数量为自然数，不是连续的整数，更适合采用计数模型中的泊松模型或者负二项回归模型。一般来说，当被解释变量的均值和方差接近的时候，使用泊松模型较好；而当被解释变量的均值和方差相差较大，即变量存在过度分散的时候，使用负二项回归模型更有效率（Cameron and Trivedi，2010；张文菲等，2020）。由于 *Fpatent* 的均值和方差相差较大，因此应采用负二项回归模型。表4-8第（3）列报告了负二项回归模型的检验结果。可以看到，交乘项 *Treat×Post* 的回归系数为0.345，在5%的水平上显著为正，技术导向型海外并购提升环保企业创新水平的基本结论保持不变。

（六）替换变量

首先，考虑到专利从研发到授权需要较长的时间，我们用海外并购两年后的专利授权数（*F2patent*）代替 *Fpatent*，并重新代入模型（4-1）进行回归分析。表4-8第（4）列报告了回归结果。可以看到，交乘项 *Treat×Post* 的回归系数为0.429，在1%的水平上显著为正，结论保持稳健。其次，我们参考张文菲和金祥义（2020）的研究，使用环保企业海外并购一年后的专利申请数（*Fpat*）来度量环保企业的创新水平。表4-8第（5）列报告了回归结果。可以看到，交乘项 *Treat×Post* 的回归系数为0.387，在5%的水平上显著为正，基本结论保持不变。最后，鉴于环保企业的技术创新主要与环境保护相关，进一步采用绿色专利授权数来度量环保企业的创新水平。具体来说，参考徐佳和崔静波（2020）的研究，我们使用环保企业海外并购一年后的绿色专利授权数占总专利授权数的比重（*FEnvrPat*）来度量绿色创新水平。表4-8第（6）列报告了回归结果。可以看到，交乘项 *Treat×Post* 的回归系数为7.244，在1%的水平上显著为正，结论保持稳健。

第五节 进一步分析

一、异质性分析

（一）产权性质

产权性质差异是我国制度安排的鲜明特征，也是研究我国企业国际化战略不可或缺的情境因素（李梅、余天骄，2016）。就理论而言，产权性质对技术导向型海外并购与环保企业创新水平关系的影响方向是不明确的。一方面，根据预算软约束和"父爱"主义观点，国有企业实施技术导向型海外并购通常能够获得政府更多的资源支持，如更多的财政补贴、更低的税收成本和更优惠的贷款利率等，从而有助于降低国有企业的研发风险和研发成本，促进国有企业积极吸收海外先进技术和知识开展创新活动（吴先明、马子涵。2022）；另一方面，相较非国有企业，国有企业的运作缺乏效率，代理问题往往更加严重（潘红波、余明桂，2011）。国有企业高管具有更高的风险厌恶度，他们热衷于投资短期内能够快速获得收益的低风险项目，对周期长、风险高和不确定性大的创新项目缺乏投资激励（孙江明、居文静，2019）。同时，国有企业与政府的特殊关系更容易引起东道国政府和公众对其合法性的担忧，并在后续运营中受到东道国监管机构更严密的审查和监督，从而增大海外子公司创新活动面临的制度压力和交易成本，对其并购后的创新能力提升造成不利影响（李梅、余天骄，2016）。

为检验产权性质的影响，我们根据环保企业的产权性质将其划分为国有企业和非国有企业进行分组检验。表4-9第（1）列和第（2）列报告了回归结果。可以看到，在国有企业组（$Soe=1$），交乘项 $Treat \times Post$ 的回归系数为0.278，在统计意义上不显著；在非国有企业组（$Soe=0$），

交乘项 $Treat{\times}Post$ 的回归系数为 0.427，在 5% 的水平上显著为正。这表明国有环保企业在实施技术导向型海外并购过程中虽然能够获得更多的政府资源支持，但是由于缺乏效率和敏感的政治身份，其并购后的创新效率和创新能力提升并不明显；相反，非国有环保企业在破解制度约束后，在市场经济制度更为完善的发达国家能够充分利用其丰富的创新资源开展创新活动，因而其创新水平的提升更为明显。

表 4-9　　　　　　　　　　　　　　异质性分析

变量名称	（1）	（2）	（3）	（4）	（5）	（6）
	Soe=1	Soe=0	KZ−H	KZ−L	Law−H	Law−L
	Fpatent	Fpatent	Fpatent	Fpatent	Fpatent	Fpatent
$Treat{\times}Post$	0.278	0.427**	0.137	0.504***	0.436**	0.210
	(0.460)	(0.012)	(0.623)	(0.003)	(0.034)	(0.320)
Size	0.334**	−0.000	0.175*	−0.245	0.320***	−0.203*
	(0.036)	(0.999)	(0.081)	(0.290)	(0.008)	(0.082)
Lev	−0.711	−0.380	−0.739	0.921	−0.381	−0.664
	(0.265)	(0.412)	(0.151)	(0.243)	(0.480)	(0.163)
Roa	0.049	−1.846	−1.197	0.878	0.088	−1.958
	(0.974)	(0.125)	(0.267)	(0.646)	(0.932)	(0.143)
Growth	0.050	0.012	0.098*	0.034	−0.029	0.084
	(0.363)	(0.871)	(0.083)	(0.736)	(0.616)	(0.367)
Cash	0.020	0.275	0.927	−0.689	−0.937	1.401**
	(0.971)	(0.760)	(0.173)	(0.558)	(0.149)	(0.036)
Capital	0.360	1.875**	0.133	1.123	−0.461	2.303***
	(0.313)	(0.011)	(0.705)	(0.235)	(0.205)	(0.000)
TobinQ	−0.031	−0.100**	−0.004	−0.136	0.025	−0.123***
	(0.566)	(0.038)	(0.900)	(0.105)	(0.580)	(0.005)

变量名称	（1） Soe=1 Fpatent	（2） Soe=0 Fpatent	（3） KZ-H Fpatent	（4） KZ-L Fpatent	（5） Law-H Fpatent	（6） Law-L Fpatent
Age	1.991***	−0.836	0.208	−0.791	−1.821**	−0.221
	（0.002）	（0.182）	（0.804）	（0.277）	（0.015）	（0.716）
Soe			−0.215	0.812**	0.172	−0.171
			（0.244）	（0.025）	（0.418）	（0.435）
Top1	0.007	−0.003	−0.012	0.018*	0.014**	−0.020***
	（0.320）	（0.738）	（0.126）	（0.090）	（0.025）	（0.005）
Mshare	−0.238**	0.062	−0.074	−0.044	−0.396***	0.235**
	（0.013）	（0.750）	（0.502）	（0.850）	（0.004）	（0.036）
Board	−0.231	0.367	−0.357	0.120	−0.103	−0.094
	（0.385）	（0.364）	（0.274）	（0.751）	（0.700）	（0.808）
Rinde	0.004	−0.339	0.170	−0.168	0.049	−0.084
	（0.984）	（0.240）	（0.539）	（0.511）	（0.834）	（0.752）
Dual	0.237*	−0.259**	−0.110	0.069	−0.362***	0.217
	（0.066）	（0.047）	（0.391）	（0.647）	（0.000）	（0.117）
Constant	−11.075***	3.569	−1.572	8.408	−1.148	7.539**
	（0.004）	（0.278）	（0.661）	（0.126）	（0.725）	（0.017）
Year/Firm	Yes	Yes	Yes	Yes	Yes	Yes
Adj-R^2	0.778	0.645	0.755	0.718	0.719	0.756
N	479	473	476	476	429	523
P值	0.000***		0.003***		0.000***	

注：***、** 和 * 分别表示在1%、5%、10%水平上显著；括号内为P值。

（二）融资约束

创新活动的投资周期长，且在持续的研发过程中要不断地引进新设备、新技术和新人才，因此需要大量且稳定的资金支持（蔡庆丰等，2020）。在我国金融发展尚不充分、企业普遍面临融资约束的情况下，环保企业的创新活动容易受到资金瓶颈的掣肘，尤其是在环保企业耗费大量资金进行海外并购后，能够用于创新投入的资金更是匮乏（陈爱贞、张鹏飞，2019）。因此，对于融资约束严重的环保企业来说，即使技术导向型海外并购能够帮助企业获得先进的知识和技术等创新资源，也会因为资金不足而无法有效地对这些创新资源进行吸收和整合，最终导致技术导向型海外并购的创新水平提升效应难以发挥；相反，融资约束较轻的环保企业在海外并购后，能够投入更多的资金对海外先进技术进行吸收、消化和再创新，技术导向型海外并购对创新水平的提升作用更加明显。

具体来说，参考 Kaplan 和 Zingales（1997）、陈良银等（2021）的研究，使用KZ指数来度量企业的融资约束程度。KZ指数越大，表明企业的融资约束程度越高。我们根据样本均值将样本划分为融资约束程度较高组和融资约束程度较低组进行分组检验。表4-9第（3）列和第（4）列报告了回归结果。可以看到，在融资约束程度较高组（$KZ\text{-}H$），交乘项 $Treat{\times}Post$ 的回归系数为0.137，在统计意义上不显著；而在融资约束程度较低组（$KZ\text{-}L$），交乘项 $Treat{\times}Post$ 的回归系数为0.504，在1%的水平上显著为正。这表明融资约束程度会显著影响环保企业进行技术导向型海外并购后的吸收、消化和再创新能力，融资约束程度较低的企业海外并购后的创新水平提升更加明显。

（三）知识产权保护水平

关于企业创新的文献表明，完善的知识产权保护制度是激励企业积极开展创新活动的重要保障。传统理论认为，较低的知识产权保护水平难以摆脱创新成果被竞争对手模仿和商业化的困境，致使创新的私有收益低于社会收益，从而弱化企业的创新激励（Besen and Raskind，1991；Ang et al.，2014）；而较高的知识产权保护水平能够有效阻止竞争对手的模仿和商业化行为，增强创新成果的排他性和创新者的垄断地位，进而提高创新的预期收益，直接强化企业的创新激励（Parra，2019；黎文靖等，2021）。我国虽然颁布了《中华人民共和国商标法》《中华人民共和国专利法》《中华人民共和国著作权法》等知识产权保护法律，但是不同地区的执法水平和司法程度存在较大差异，这可能导致不同地区环保企业的创新激励存在差别，进而影响技术导向型海外并购的创新效应。

具体来说，我们参考徐慧琳等（2019）的研究，使用中国各省份市场化水平指数中的知识产权保护指数来度量不同地区的知识产权保护水平（Law），并根据样本均值将样本划分为知识产权保护水平较低组和知识产权保护水平较高组进行分组检验。表4-9第（5）列和第（6）列报告了回归结果。可以看到，在知识产权保护水平较高组（Law-H），交乘项 Treat×Post 的回归系数为0.436，在1%的水平上显著为正；在知识产权保护水平较低组（Law-L），交乘项 Treat×Post 的回归系数为0.210，在统计意义上不显著。这表明相较处于知识产权保护水平较低地区的环保企业，技术导向型海外并购对创新水平的提升作用在处于知识产权保护水平较高地区的环保企业更加显著。

二、机制检验

根据理论分析内容，技术导向型海外并购主要通过如下途径影响环保企业的创新水平：第一，技术导向型海外并购能够帮助环保企业直接或间接获得先进的技术、知识和项目经验等特定优势资源；第二，环保企业借助标的企业的区位优势加强与海外公司和各类机构的交流与合作，不断学习和积累隐性创新知识；第三，发达国家完善的环保市场能够帮助环保企业及时、充分地了解前沿创新信息和创新需求，并倒逼环保企业加强研发创新以增强市场竞争力；第四，海外并购的规模效应和协同效应能够降低环保企业的研发成本和研发风险，并且激励并购双方展开深层次、宽领域的合作与研发。简而言之，技术导向型海外并购可以帮助环保企业在比较短的时间掌握先进的环保技术、知识、信息和项目经验等异质性资源，从而促使环保企业以较低的研发成本产出更多的创新成果，即技术导向型海外并购能够通过提升环保企业的研发效率提高其创新水平。为了具体验证研发效率的作用渠道，我们参考温忠麟等（2005）提出的中介效应检验程序，建立如下回归模型：

$$Fpatent = \alpha_0 + \alpha_1 Treat \times Post + \alpha_2 X' + \lambda + \mu + \varepsilon \tag{4-3}$$

$$RD\_E = \alpha_0 + \beta_1 Treat \times Post + \beta_2 X' + \lambda + \mu + \varepsilon \tag{4-4}$$

$$Fpatent = \alpha_0 + \lambda_1 Treat \times Post + \lambda_2 RD\_E + \lambda_3 X' + \lambda + \mu + \varepsilon \tag{4-5}$$

在上述模型中，RD_E 是中介变量，表示企业的研发效率。参考李小青等（2017）、张文菲等（2020）、李欠强等（2010）的研究，分别使用专利授权数与研发投入额自然对数的比（RD_E1）、专利授权数与研发人数自然对数的比（RD_E2）来度量。其他变量定义与模型（4-1）相同。

根据温忠麟等（2005）中介效应检验程序，第一步需估计模型（4-3）中回归系数 α_1 的显著性，若 α_1 显著，则中介效应检验程序继续，否则终止。第二步，估计模型（4-4）和模型（4-5）中回归系数 β_1 和 λ_2 的显著性，若两者都显著，则中介效应成立；在此基础上，若 λ_1 显著（不显著），则说明中介变量（RD_E）发挥了部分（完全）中介作用。若回归系数 β_1 和 λ_2 至少有一个不显著，则需要通过 Sobel 检验来判断中介效应 $\beta_1 \times \lambda_2$ 的显著性。

中介效应检验结果见表4-10。从第（2）列可以看到，在第（1）列回归系数 α_1 显著的情况下，回归系数 β_1 为0.257，在5%的水平上显著为正，说明技术导向型海外并购提升了环保企业的研发效率。从第（3）列可以看到，λ_2 的回归系数在1%的水平上显著为正，且在控制中介变量 RD_E1 后，λ_1 的回归系数为0.246，在10%的水平上显著，这表明研发效率是技术导向型海外并购影响环保企业创新水平的中介变量。从第（4）列和第（5）列的回归结果可以看到，在使用 RD_E2 替代 RD_E1 后，技术导向型海外并购通过提高环保企业研发效率而提升其创新水平的结论保持不变。

表4-10 中介效应检验

变量名称	（1）Fpatent	（2）RD_E1	（3）Fpatent	（4）RD_E2	（5）Fpatent
Treat×Post	0.367**	0.257**	0.246*	0.958***	0.271
	(0.014)	(0.011)	(0.088)	(0.001)	(0.104)
Size	0.026	−0.070	0.059	−0.143	0.040
	(0.774)	(0.226)	(0.457)	(0.409)	(0.797)
Lev	−0.626*	−0.004	−0.624*	0.993	−0.725
	(0.078)	(0.987)	(0.060)	(0.149)	(0.119)
Roa	−0.677	−0.482	−0.450	−3.414*	−0.338
	(0.429)	(0.385)	(0.590)	(0.098)	(0.734)
Growth	0.017	−0.035	0.034	−0.015	0.019
	(0.714)	(0.204)	(0.460)	(0.863)	(0.683)
Cash	0.235	0.010	0.231	−0.584	0.293
	(0.629)	(0.975)	(0.617)	(0.588)	(0.634)
Capital	0.620**	0.311*	0.474*	0.423	0.578
	(0.048)	(0.087)	(0.096)	(0.400)	(0.159)

变量名称	（1）Fpatent	（2）RD_E1	（3）Fpatent	（4）RD_E2	（5）Fpatent
$TobinQ$	−0.064**	−0.016	−0.057**	0.076	−0.072*
	（0.021）	（0.383）	（0.024）	（0.258）	（0.051）
Age	−0.390	−0.663	−0.079	−0.596	−0.331
	（0.401）	（0.100）	（0.864）	（0.575）	（0.639）
Soe	0.024	0.069	−0.008	0.388	−0.014
	（0.879）	（0.486）	（0.958）	（0.248）	（0.947）
$Top1$	0.002	0.005	−0.000	0.018**	0.000
	（0.708）	（0.122）	（0.978）	（0.040）	（0.982）
$Mshare$	−0.065	−0.024	−0.053	0.340	−0.098
	（0.490）	（0.689）	（0.546）	（0.103）	（0.488）
$Board$	−0.098	0.159	−0.173	0.458	−0.143
	（0.666）	（0.258）	（0.417）	（0.343）	（0.451）
$Rinde$	−0.019	−0.009	−0.015	0.044	−0.024
	（0.912）	（0.930）	（0.926）	（0.901）	（0.859）
$Dual$	−0.049	−0.017	−0.041	−0.092	−0.039
	（0.595）	0.257**	0.246*	0.958***	0.271
RD_E1			0.469***		
			（0.000）		
RD_E2					0.099***
					（0.000）
$Constant$	2.224	2.971*	0.830	2.436	1.982
	（0.331）	（0.099）	（0.698）	（0.638）	（0.606）
$Year$	Yes	Yes	Yes	Yes	Yes
$Firm$	Yes	Yes	Yes	Yes	Yes
Adj-R^2	0.726	0.606	0.752	0.498	0.738
N	952	952	952	952	952

注：***、** 和 * 分别表示在1%、5%、10%水平上显著；括号内为P值。

第六节　本章小结

本章将环保企业以获取标的企业先进技术为目标的海外并购活动界定为技术导向型海外并购，并利用2010—2021年A股上市环保企业的数据考查了技术导向型海外并购对环保企业创新水平的影响。研究发现：（1）技术导向型海外并购显著提升了环保企业的创新水平。区分专利类型发现，技术导向型海外并购主要促进了环保企业的创新产出规模，对创新质量的影响较弱。主要结论在经过平行趋势检验、安慰剂检验、倾向得分匹配、Heckman两阶段模型、改变回归模型和替换变量等稳健性检验后保持不变。（2）技术导向型海外并购的创新水平提升效应与高管海外经历、企业吸收能力和政府支持力度显著正相关。（3）异质性分析显示，技术导向型海外并购的创新水平提升效应在非国有企业、融资约束程度较低的企业和处于产权保护水平较高地区的企业更加显著。（4）中介效应检验显示，技术导向型海外并购主要通过提高环保企业的研发效率而提升其创新水平。

第五章

市场导向型海外并购与环保企业投资效率

第一节　问题提出

除了寻求先进环保技术外，中国环保企业进军发达资本市场开展海外并购活动的另一重要目标在于拓展业务、延伸产品线，在增强国内市场竞争力的同时，积极抢占海外环保市场，完成全球化战略布局。如国祯环保收购挪威 Goodtech Environment AS 公司，意在扩大国内中小型乡镇污水处理市场占有率，并借此快速打开欧洲环保市场，从而实现国内国外两个市场的战略协同。我们将这种以获取海内外市场为目标的海外并购定义为市场导向型海外并购。由此，本章关注的主要问题是：市场导向型海外并购是否以及如何影响环保企业的投资效率？这主要基于以下三点原因：

第一，环保企业在完成市场导向型海外并购后，为了迅速实现战略目标，往往会在国内外进行大量的投资活动，如中国天楹在收购 Urbaser 公司后，凭借其强大的国际品牌影响力和全球市场占有率，在法国、新加坡和越南等海外市场中标了不少垃圾焚烧发电项目、垃圾收集与街道清扫项目，并进行了大量的投资活动。中金环境在收购美国 Tigerflow Systems 公司后，为了进一步完善产业链和产业布局，在国内又相继收购了华禹水利和金泰莱等公司。投资活动及其效率问题是企业财务管理的核心，投资效率不仅决定环保企业自身的竞争能力和发展前景（赵娜等，2019；赵振洋等，2022），而且关系着整个环保产业的资源配置效率和发展质量（钱雪松、方胜，2021）。因此，我们不仅要关注环保企业的投资数量，更要关注其投资效率（刘艳霞、祁怀锦，2019）。市场导向型海外并购能否真正帮助环保企业做强做优做大、成为其实现跨越式发展的跳板，还取决于市场导向型海外并购对企业投资效率的影响。

第二，已有文献主要围绕代理问题和信息不对称理论，探究了制度环境（李延喜等，2015；赵振洋等，2022）、公司治理（Claessens et al.，2010；潘越等，2020）、信息披露质量（Beatty et al.，2010；李青原，2009）和管理层特征（Malmendier and Tate，2008；代昀昊、孔东民，2017）等因素对投资效率的影响，鲜有文献考查海外并购对企业投资效率的影响。在为数不多的几篇文献中，研究结论也莫衷一是。如 Li（2013）以美国企业并购的数据研究发现，并购可以通过将资本分配给投资机会更好的行业而提升企业的投资效率。赵海龙等（2016）从公司治理视角出发展开研究，他们发现，海外并购可以提升企业的投资效率。任曙明等（2019）基于海外并购后业务整合和组织重构的双重不确定性，认为海外并购降低了中国企业的投资效率。

第三，从现实情况来看，一部分环保企业借助海外并购抓住了有利的投资机会，从而提升了企业绩效。如永清环保通过收购美国 Integrated Science & Technology 公司，成功开拓了土壤修复药剂市场，并先后投资了数十个各种类型的土壤修复工程，2015 年的土壤修复业务较上年同期增长了 166.81%，永清环保也成为土壤修复行业的领跑者。又如中国天楹通过收购 Urbaser 公司，抓住了国际市场的投资机会并积极开展投资业务，使 Urbaser 公司为中国天楹创造了八成营收和年均超 20 亿元的经营性净现金流。然而，也有部分环保企业，如天翔环境和巴安水务等，由于激进的并购活动和过度投资扩张深陷财务困境，天翔环境甚至因此被深交所宣布股票暂停上市。

不难发现，无论是从理论背景还是从现实情况来看，市场导向型海外并购对环保企业投资效率的影响并不能先验性地确定。本章考查市场导向型海外并购对环保企业投资效率的影响不仅有助于识别海外并购对企业价值的影响机制，进而合理评估市场导向型海外并购的经济效应，还能为后续引导环保企业更好地"走出去"提供政策启示。

此外，市场导向型海外并购对环保企业投资效率的影响并不是同质的，可能还受到内部公司治理水平、外部监督强度和地区制度环境的调节作用。首先，内部公司治理水平不仅会对海外并购的治理协同效应产生影响，还关系到海外并购后的信息不对称和代理问题，从而影响环保企业的投资效率。其次，外部监督强度越大，越能减少海外并购引致的信息不对称和代理问题，从而威慑管理层的非效率投资行为。同时，外部监督环境还可能通过缓解高管过度自信问题而降低环保企业的非效率投资。最后，在市场化程度不同的地区，投资者保护程度、公司治理水平、政府干预程度和金融发展水平都存在较大差异，也可能对环保企业投资效率产生影响。鉴于此，我们将进一步探究公司治理水平、外部监督环境和地区市场化进程对市场导向型海外并购与环保企业投资效率关系的调节效应。

鉴于上述背景，我们利用2010—2021年A股上市环保企业的数据深入考查市场导向型海外并购对环保企业投资效率的影响及作用机理，其中，海外并购的完成时间为2012—2020年。具体而言，本章主要考查如下几个问题：市场导向型海外并购是否影响环保企业的投资效率？如果答案是肯定的，中间的作用机理是什么？这一关系是否会受到公司治理水平、外部监督环境和地区市场化进程的调节？此外，这一关系在不同性质的企业中是否存在差异？

第二节 理论分析与研究假设

从已有海外并购的相关文献和环保企业进行市场导向型海外并购的特征事实来看，我们认为，市场导向型海外并购可能通过如下三条途径提升环保企业的投资效率：

第一，市场导向型海外并购可以通过提升环保企业的公司治理水平，减少内部人代理问题，从而提升企业的投资效率。新兴市场由于投资者保护水平较低，企业内部通常存在严重的代理问题，管理层为了控制更多的资源、追求更高的职业声誉与社会地位，往往会利用过度投资来构建"商业帝国"（Stulz，1990；Bebchuk and Grinstein，2005；赵娜等，2019）。同时，为了体现自己的人力资本价值，降低失业风险，管理层倾向于在自己擅长的领域进行过度投资以获得超额收益（Morck et al.，1990）。此外，为了维护自己的职业声誉和职位安全，具有风险厌恶特征的管理层也可能放弃那些净现值为正的投资项目以减少犯错机会，从而导致企业错失有利的投资机会，造成投资不足（Brito and John，2002；谢佩洪、汪春霞，2017）。不同于新兴市场薄弱的投资者保护制度，发达国家的公司治理水平和投资者保护制度更加完善，新兴市场企业进入发达国家开展并购活动能够产生治理协同效应，从而改善新兴市场跨国企业的公司治理实践（Ding et al.，2017；Purayil and Lukose，2021）。具体而言，环保企业在发达国家开展市场导向型海外并购，可以通过两方面改善自身的公司治理水平：一方面，标的企业完善的公司治理机制可以为环保企业建立健全公司治理机制提供途径和范本，环保企业会主动绑定更为严格的公司治理制度以提高自身的公司治理水平（徐慧琳等，2020）；另一方面，环保企业在并购资源的整合过程中，可以通过组织学习加强与标的企业在管理经验和治理规则等领域的沟通与交流，从而提高自身的治理水平，即拔靴效应（赵海龙等，2016）。公司治理水平的改善无疑能有效抑制内部人代理问题，从而提升环保企业的投资效率。

第二，市场导向型海外并购有助于环保企业更好地识别和把握投资机会，从而提升投资效率。一方面，及时、准确的市场信息对于企业开展投资活动至关重要（杨德明、毕建琴，2019），能够促使企业及时抓住投资机会，避免错失发展机遇，从而提升投资效率（潘越等，2020)。发达国家的环保市场更为完善，其产品标准、工艺技术和市场需求往往代表未来环保市场的发展趋势，环保企业通过海外并购进入发达国家拓展业务和市场，能够优先获得行业发展机会和产品市场需求等方面的优势信息（He et al.，2019；贾妮莎等，2020)，从而帮助环保企业及时调整投资策略，通过将资本分配至最具投资机会的领域而提升投资效率。另一方面，管理层的个人特征，尤其是管理层的国际化视野对于提升企业的投资效率也会发挥重要作用（代昀昊、孔东民，2017)。市场导向型海外并购能够帮助环保企业吸引和培养更具国际化视野和国际化管理经验的管理人才[①]，从而提升企业对宏观经济环境的掌控能力，避免盲目跟风，帮助企业在动态变化的行业环境中识别出最佳投资机会并作出更恰当的投资决策。

第三，市场导向型海外并购能够减少环保企业的自由现金流，限制管理层的过度投资，从而提升企业的投资效率。自由现金流代理理论指出，当企业存在充沛的自由现金流时，管理层通常会基于个人私利而进行过度投资（Jensen and Meckling，1976；Fama and Jensen，1983)，这种观点也得到了国内学者王彦超（2009)、王茂林等（2014)的证实。中国环保企业为完成海外并购所支付的金额普遍较高，且主要以现金支付为主，这无疑会减少环保企业内部的自由现金流，约束管理层的过度投资行为。同时，海外环保企业的资产负债率往往处于较高水平，并购后会相应地抬高主并企业的整体负债水平，进而影响环保企业在资本市场上的融资能力，进一步约束管理层利用自由现金流进行过度投资的行为。

但是，市场导向型海外并购亦可能加剧环保企业的非效率投资问题。首先，制度差异、文化差异和地理距离等因素会加剧环保企业与

---

① 如巴安水务在收购美国 Doosan Hydro Technology 公司的公告中指出，本次收购能够发挥双方在人才和管理等方面的协同效应，有利于公司吸引国外优秀管理人才，增强公司的国际化管理理念。

海外子公司之间的代理问题和信息不对称程度（任曙明等，2019），从而降低环保企业的投资效率。一方面，遥远的地理距离加大了环保企业对海外子公司管理层的监督难度，海外子公司的管理层既可能利用过度投资来满足自己控制更多资源的私欲，也可能以并购资源整合的不确定性对企业绩效的不利影响为借口而减少主观努力（袁淳等，2022），如为了追求安逸享乐而放弃净现值为正的投资项目，从而导致投资不足和效率损失；另一方面，地理距离和文化差异导致的沟通不畅容易阻碍并购双方之间的信息交流与传递（朱治理等，2016），从而提高集团整体的信息不对称程度，这可能加大环保企业对海外市场形势和项目前景判断的难度，进而扭曲集团的投资决策，产生过度投资或者投资不足。

其次，海外并购的完成，尤其是成功开拓国际市场和国际业务，可能助长管理层的过度自信心理，使管理层低估海外投资项目的风险和不确定性，高估自己对投资活动的控制能力以及投资项目的资本回报率，进而引发企业后续盲目的投资活动（Hackbarth，2009；任曙明等，2019）。如天翔环境实际控制人邓亲华2016年在参加德国BWT总部举办的全球年会时，意气风发地表示："一万年太久，只争朝夕。"但是，天翔环境接连进行的激进投资活动不仅没有助力环保业务的腾飞，反而使该公司深陷债务危机，最终落得暂停上市的下场。

最后，环保企业为完成海外并购所支付的巨额现金流以及急剧攀升的资产负债率，虽然能在一定程度上限制管理层的过度投资行为，但是也可能导致企业陷入资金不足的困境，使企业即使面临优越的投资机会，也不得不因为资金不足而放弃净现值为正的投资项目（赵振洋等，2022），进而加剧企业的投资不足。

综上所述，我们提出研究假设H2：

假设H2a：市场导向型海外并购提升了环保企业的投资效率；

假设 H2b：市场导向型海外并购降低了环保企业的投资效率。

第三节　研究设计

一、样本选择与数据来源

我们以 2010—2021 年 A 股上市环保企业为研究样本，其中市场导向型海外并购的完成时间为 2012—2020 年。参考现有文献的做法，我们对初选数据进行了如下处理：（1）删除样本期间内被 ST、*ST 类上市公司；（2）剔除销售收入小于 0 和资不抵债等异常值样本；（3）为保证样本的持续性，剔除观测值少于 4 的样本企业；（4）删除关键数据不全的样本；（5）剔除东道国位于开曼群岛、英属维尔京群岛等避税天堂的并购事件以及属于关联交易的并购事件。经过上述处理，最终获得 123 家环保企业共 1 133 个样本观测值。为缓解离群值对研究结论的影响，我们还对全部连续变量进行了上下 1% 的缩尾处理。在数据来源方面，环保企业名单来自《2021 中国环保产业发展状况报告》，以及东方财富、大智慧等财经网站的环保板块。海外并购数据来自国泰安数据库和东方财富并购重组库，并通过百度搜索、新浪财经和上市公司年报等途径进行确认、补充和删除。其他财务数据和公司治理数据均来自国泰安数据库和 CNRDS 数据库。

二、模型设计与变量定义

（一）模型设计

为检验市场导向型海外并购对环保企业投资效率的影响，我们参考任曙明等（2019）、蒋冠宏（2021）的研究，建立双重差分模型（5-1）：

$$Ainvst = \alpha_0 + \alpha_1 Treat \times Post + \alpha_2 X' + \lambda + \mu + \varepsilon \qquad (5-1)$$

（二）变量定义

1.被解释变量

$Ainvst$ 表示企业的投资效率。参考 Richardson（2006）和赵娜等（2019）的研究，我们利用投资残差的方法来测算环保企业的投资效率。具体来说，首先构建模型（5-2）来估计企业的正常投资水平，然后利用模型的残差绝对值表示企业的投资效率。

$$Inv_{i,\,t} = \beta_0 + \beta_1 TobinQ_{i,\,t-1} + \beta_2 Size_{i,\,t-1} + \beta_3 Cash_{i,\,t-1} + \beta_4 Lev_{i,\,t-1} +$$
$$\beta_5 Age_{i,\,t-1} + \beta_6 Ret_{i,\,t-1} + \beta_4 Inv_{i,\,t-1} + Year + Ind + \varepsilon \qquad (5-2)$$

其中：因变量 Inv 表示投资规模，采用现金流量表中购买固定资产、无形资产和其他长期资产支付的现金与年末总资产之比表示；$TobinQ$ 表示企业的投资机会，用企业总市值与资产总计之比表示；$Size$ 表示企业规模，用企业总资产的自然对数表示；$Cash$ 表示现金持有量，用年末货币资金与总资产之比表示；Lev 表示资产负债率，用年末总负债与总资产之比表示；Age 用企业成立年数的自然对数表示；Ret 表示年度股票回报率。同时，该模型还控制了年度固定效应和行业固定效应。

我们将模型（5-2）估计的残差取绝对值表示投资效率（$Ainvst$），$Ainvst$ 越大，意味着投资效率越低；将残差大于 0 的部分设定为过度投资（$Overinv$），将残差小于 0 的部分取绝对值后设定为投资不足（$Underinv$）。

2.解释变量

$Treat$ 为处理组虚拟变量，我们将进行过市场导向型海外并购的环保企业定义为处理组，取值为 1；将从没有进行过海外并购的环保企业定义为对照组，取值为 0。对于市场导向型海外并购的界定，我们通过查阅环保企业海外并购公告，将以下两种情况判定为市场导向型海外并购：（1）公告中直接提到以开拓海内外市场、完善产业布局和实现国际化战略为目标。如中金环境在收购美国 Tigerflow Systems 公司的公告中指出，收购美国 Tigerflow Systems 公司是开拓北美市场的重要举措，能满足自身拓展国际业务，尤其是北美市场业务的需求，进一步完善产业布局、扩大公司营业规模、提高盈利能力，实现可持续发展。（2）公告中虽没有直接提到以获取海内外市场为目标，但是对标的企业的海外市场、全球销售网络和国际市场资源等进行了强调，并表示在收购完成后将积极在海内外市场推广产品，从而提升自身在海内外市场的知名度和竞争力。如雪迪龙在收购比利时 Orthodyne 公司的公告中强调，雪迪龙将借助 Orthodyne 公司的市场资源，拓展相关领域的市场，并加大产品的海外推广力度，加快国际化发展战略的实现。又如银轮股份在收购美国 TDI 公司的公告中强调，收购 TDI 公司有助于加强银轮股份与北美客户的关系，提升银轮股份在北美市场的竞争力。

Post 为环保企业进行市场导向型海外并购的时间虚拟变量，在并购之前取值为 0，并购之后取值为 1。需要指出的是，针对部分企业存在多次海外并购的现象，我们参考现有文献的做法（李梅、余天骄，2016；冼国明、明秀南，2018），选择企业第一次进行海外并购的时间作为并购时间。由于控制了企业个体固定效应，因此不必再控制 *Treat* 和 *Post* 的单独项。

3.控制变量

X 表示控制变量。参考任曙明等（2019）、姚立杰等（2020）、黎来芳等（2022）的研究，选取的控制变量具体包括企业规模（*Size*）、资产负债率（*Lev*）、资产收益率（*Roa*）、营业收入增长率（*Growth*）、现金持有量（*Cash*）、企业年龄（*Age*）、产权性质（*Soe*）、股权集中度（*Top1*）、管理层持股（*Mshare*）、董事会规模（*Board*）、独董比例

（Rinde）、两职合一（Dual）。λ 表示年份固定效应，μ 表示企业个体固定效应。主要变量定义和说明见表5-1。

表5-1 　　　　　　　　　　主要变量定义和说明

变量名称	变量符号	变量说明
投资效率	Ainvst	采用Richardson投资模型测算，具体度量方法为模型（5-2）中的残差绝对值
过度投资	Overinv	采用Richardson投资模型测算，具体度量方法为模型（5-2）中的残差大于0的部分
投资不足	Underinv	采用Richardson投资模型测算，具体度量方法为模型（5-2）中的残差小于0的部分
处理组虚拟变量	Treat	企业进行了市场导向型海外并购取值为1，企业没有进行过海外并购取值为0
时间虚拟变量	Post	海外并购后取值为1，否则取值为0
企业规模	Size	企业年末总资产的自然对数
资产负债率	Lev	企业年末总负债与年末总资产的比值
资产收益率	Roa	企业年末净利润与年末总资产的比值
营业收入增长率	Growth	企业当年营业收入减上年营业收入除以上年营业收入
现金持有量	Cash	年末货币资金与总资产的比值
企业年龄	Age	企业成立年数的自然对数
产权性质	Soe	国有企业取值为1，非国有企业取值为0
股权集中度	Top1	第一大股东持股数量与总股本的比值
管理层持股	Mshare	管理层持有企业股票取值为1，否则取值为0
董事会规模	Board	企业董事会总人数的自然对数
独董比例	Rinde	独立董事人数与董事会人数的比值
两职合一	Dual	企业董事长和总经理为同一人取值为1，否则取值为0

第四节 实证结果与分析

一、描述性统计分析

主要变量的描述性统计结果见表5-2。可以看到，$Ainvst$ 的均值和中值分别为0.025和0.018，最小值和最大值分别为0.000和0.140，标准差为0.025，说明我国环保企业普遍存在一定程度的低效率投资问题，且不同环保企业的投资效率存在较大差异。区分非效率投资类型来看，$Overinv$ 的样本数为437，均值为0.031；$Underinv$ 的样本数为696，均值为0.021。这说明在环保企业中，投资不足现象相对更普遍，但是过度投资的程度相对更严重。这些统计值与赵娜等（2019）、冯晓晴和文雯（2022）关于A股全部上市企业投资效率的统计值基本接近。$Treat$ 的均值为0.156，说明约有15.6%的环保企业进行过市场导向型海外并购。$Post$ 的均值为0.096，说明海外并购后的处理组约占总样本的9.6%。在控制变量方面，$Size$ 的最小值和最大值分别为19.178和25.597，Lev 的最小值和最大值分别为0.077和0.898，说明不同环保企业之间的资产规模和资本结构存在较大差异。企业年龄的均值为2.881，说明环保企业的平均成立时间约为18年。Soe 的均值为0.476，说明国有环保企业和非国有环保企业的数量基本接近。其他变量的统计值均处于合理区间内，不再赘述。此外，VIF诊断显示，平均VIF值为1.52，最大值为2.56，小于门槛10，由此可排除多重共线性问题对研究结论的影响。

处理组环保企业在海外并购前后投资效率的组间差异结果见表5-3。可以看到，在进行市场导向型海外并购之前，处理组 $Ainvst$ 的

表 5-2　　　　　　　　　　　主要变量描述性统计

变量	样本量	均值	标准差	最小值	中位数	最大值
Ainvst	1 133	0.025	0.025	0.000	0.018	0.140
Overinv	437	0.031	0.035	0.000	0.019	0.192
Underinv	696	0.021	0.018	0.000	0.017	0.104
Treat	1 133	0.156	0.363	0.000	0.000	1.000
Post	1 133	0.096	0.295	0.000	0.000	1.000
Size	1 133	22.267	1.199	19.178	22.206	25.597
Lev	1 133	0.498	0.191	0.077	0.513	0.898
Roa	1 133	0.034	0.045	−0.175	0.034	0.162
Growth	1 133	0.243	0.536	−0.570	0.138	3.430
Cash	1 133	0.143	0.115	0.010	0.109	0.601
Age	1 133	2.881	0.338	1.792	2.944	3.497
Soe	1 133	0.476	0.500	0.000	0.000	1.000
Top1	1 133	33.470	13.753	10.420	30.620	69.270
Mshare	1 133	0.721	0.449	0.000	1.000	1.000
Board	1 133	2.306	0.243	1.609	2.303	2.890
Rinde	1 133	1.316	0.277	0.693	1.386	2.079
Dual	1 133	0.206	0.404	0.000	0.000	1.000

均值和中值分别为 0.029 和 0.018；在进行市场导向型海外并购之后，处理组 Ainvst 的均值和中值分别为 0.016 和 0.012，且均值和中值均存在显著差异。

表 5-3　　　　　处理组环保企业在海外并购前后的组间差异

变量	海外并购之前		海外并购之后		组间差异	
	均值	中值	均值	中值	均值差异	中值差异
Ainvst	0.029	0.018	0.016	0.012	0.012***	6.411**
Overinv	0.035	0.027	0.019	0.010	0.016**	2.574
Underinv	0.024	0.018	0.015	0.012	0.009***	2.390

从非效率投资类型来看，进行市场导向型海外并购后，*Overinv* 和 *Underinv* 的均值与中值均呈现下降趋势，且均值存在显著差异。这初步表明市场导向型海外并购提升了环保企业的投资效率，但是更稳健的结论还需要进一步实证检验。

二、基准回归分析结果

市场导向型海外并购与环保企业投资效率基本关系检验结果见表 5-4。第（1）列在仅控制年份固定效应和企业个体固定效应的情况下，交乘项 *Treat×Post* 的回归系数为 −0.011，在 1% 的水平上显著为负。第（2）列进一步控制了全部控制变量，结果显示，交乘项 *Treat×Post* 的回归系数为 −0.010，在 5% 的水平上显著为负。这些结果表明，市场导向型海外并购整体上提升了环保企业的投资效率，支持了研究假设 H2a。第（3）列和第（4）列是区分非效率投资类型的检验结果，可以看到，以 *Overinv* 为被解释变量时，交乘项 *Treat×Post* 的回归系数为 −0.021，在 1% 的水平上显著为负；而以 *Underinv* 为被解释变量时，交乘项 *Treat×Post* 的回归系数为 −0.004，在统计意义上不显著。这表明市场导向型海外并购对投资不足问题的改善效应不明显，主要是通过抑制过度投资而提升环保企业的投资效率。

表5-4 市场导向型海外并购与环保企业投资效率基本关系检验

变量名称	（1）	（2）	（3）	（4）
	Ainvst	*Ainvst*	*Overinv*	*Underinv*
Treat×Post	−0.011***	−0.010**	−0.021***	−0.004
	(0.003)	(0.011)	(0.009)	(0.428)
Size		0.000	−0.007	−0.002
		(0.991)	(0.173)	(0.453)

变量名称	（1）Ainvst	（2）Ainvst	（3）Overinv	（4）Underinv
Lev		−0.003	−0.022	0.017
		(0.777)	(0.393)	(0.130)
Roa		−0.012	0.051	−0.014
		(0.636)	(0.332)	(0.528)
Growth		0.000	0.007	−0.001
		(0.991)	(0.179)	(0.643)
Cash		−0.002	−0.003	−0.005
		(0.887)	(0.925)	(0.669)
Age		−0.043***	−0.015	−0.041***
		(0.002)	(0.618)	(0.007)
Soe		−0.006	−0.013	−0.003
		(0.180)	(0.168)	(0.419)
Top1		0.000	0.000	−0.000
		(0.971)	(0.288)	(0.481)
Mshare		−0.002	−0.012*	0.003
		(0.433)	(0.079)	(0.216)
Board		0.001	0.028*	−0.007
		(0.910)	(0.073)	(0.300)
Rinde		−0.004	−0.030**	0.003
		(0.424)	(0.011)	(0.567)
Dual		0.001	0.009	−0.002
		(0.816)	(0.228)	(0.559)

变量名称	（1）	（2）	（3）	（4）
	Ainvst	*Ainvst*	*Overinv*	*Underinv*
Constant	0.034***	0.150**	0.219	0.173***
	（0.000）	（0.016）	（0.147）	（0.007）
Year/Firm	Yes	Yes	Yes	Yes
Adj-R^2	0.219	0.222	0.321	0.214
N	1 133	1 133	437	696

注：***、** 和 * 分别表示在1%、5%、10%水平上显著；括号内为 P 值。

三、调节效应分析

（一）公司治理水平

代理问题是诱发非效率投资的主要原因，在公司治理水平较低的企业，自由现金流代理理论、"帝国构建"假说和管理层防御假说所描述的非效率投资问题会更加严重；而在公司治理水平较高的企业，完善的监督和评价机制能够有效约束管理层的道德风险问题，并对管理层的过度投资或者投资不足形成威慑（王玉涛等，2022），从而提升企业的投资效率。大量文献也论证了公司治理水平对于投资效率的促进作用。如Jiang等（2018）发现，多个大股东并存的股权结构能够强化对内部人的监督与制衡，从而提升企业的投资效率。冯晓晴和文雯（2022）发现，国有机构投资者可以有效降低企业内外部信息不对称程度和代理成本，从而改善企业的非效率投资问题。因此，我们认为，市场导向型海外并购对投资效率的影响在一定程度上取决于环保企业的公司治理水平，这主要是因为：在公司治理水平较高的情况下，环保企业会更加主动地学习和绑定发达东道国完善的投资者保护制度和公司治理规范，并能有效缓解海外并购带来的信息不对称和代理问题，进而更好地发挥海外并购对投资效率的提升作用。相反，在公司治理水平较低的情况下，海外并购带来的负面效应，如制度差异、文化差异和地理距离等因素引发的信息不对称和代理问题，以及管理层过度自信等，可能超过海外并购带来的正面效应，进而使市场导向型海外并购整体上加剧环保企业的非效率投资问题。

为检验公司治理水平对市场导向型海外并购与环保企业投资效率关系的调节效应，我们参考赵海龙等（2016）的研究，使用董事长与总经理是否两职合一（*Dual*）来度量企业的公司治理水平。一般而言，董事长与总经理两职分离可以使决策控制与决策管理职能分离，从而维护董事会监督的独立性和有效性，提升公司治理水平（赵海龙等，2016）。表5–5第（1）列和第（2）列报告了分组检验结果，可以看到，在两职合一组（*Dual*=1），交乘项 *Treat×Post* 的回归系数为0.011，在统计意义上不显著；而在两职分离组（*Dual*=0），交乘项 *Treat×Post* 的回归系数为–0.016，在1%的水平上显著为负。这表明市场导向型海外并购对环保企业投资效率的提升作用依赖企业内部治理水平，只有当企业的公司治理水平较高时，市场导向型海外并购才能有效提升环保企业的投资效率。

表5–5 调节效应检验结果

变量名称	（1）	（2）	（3）	（4）	（5）	（6）
	Dual=1	*Dual*=0	*Media–H*	*Media–L*	*Market–H*	*Market–L*
	Ainvst	*Ainvst*	*Ainvst*	*Ainvst*	*Ainvst*	*Ainvst*
Treat×Post	0.011	–0.016***	–0.013***	–0.007	–0.019***	–0.003
	(0.158)	(0.003)	(0.008)	(0.442)	(0.001)	(0.634)

变量名称	（1） Dual=1 Ainvst	（2） Dual=0 Ainvst	（3） Media-H Ainvst	（4） Media-L Ainvst	（5） Market-H Ainvst	（6） Market-L Ainvst
Size	−0.002	0.002	0.002	−0.001	0.003	−0.003
	（0.689）	（0.435）	（0.509）	（0.892）	（0.420）	（0.373）
Lev	−0.010	−0.005	−0.018	0.006	−0.010	−0.003
	（0.768）	（0.675）	（0.278）	（0.733）	（0.568）	（0.867）
Roa	−0.020	−0.003	−0.040	0.013	−0.002	−0.038
	（0.707）	（0.921）	（0.309）	（0.720）	（0.937）	（0.335）
Growth	0.003	−0.001	0.001	0.000	0.002	−0.001
	（0.460）	（0.739）	（0.748）	（0.959）	（0.571）	（0.846）
Cash	0.004	−0.006	−0.011	−0.007	0.014	−0.017
	（0.931）	（0.580）	（0.551）	（0.657）	（0.484）	（0.246）
Age	−0.059*	−0.032*	−0.048**	−0.041*	−0.037*	−0.046*
	（0.055）	（0.071）	（0.020）	（0.073）	（0.059）	（0.079）
Soe	−0.005	−0.007	−0.008	−0.007	−0.010*	0.012
	（0.607）	（0.203）	（0.112）	（0.468）	（0.055）	（0.177）
Top1	0.000	0.000	−0.000	0.000	−0.000	0.000
	（0.671）	（0.662）	（0.170）	（0.886）	（0.181）	（0.673）
Mshare	−0.004	0.001	−0.000	−0.002	−0.001	−0.002
	（0.677）	（0.760）	（0.956）	（0.751）	（0.826）	（0.635）
Board	0.004	0.006	0.007	0.001	−0.000	0.008
	（0.859）	（0.402）	（0.449）	（0.901）	（0.964）	（0.419）

变量名称	（1） Dual=1 Ainvst	（2） Dual=0 Ainvst	（3） Media-H Ainvst	（4） Media-L Ainvst	（5） Market-H Ainvst	（6） Market-L Ainvst
Rinde	−0.018	−0.006	−0.006	−0.007	−0.001	−0.011
	（0.270）	（0.272）	（0.276）	（0.389）	（0.917）	（0.171）
Dual			0.002	0.003	0.004	−0.005
			（0.556）	（0.635）	（0.271）	（0.248）
Constant	0.244**	0.063	0.123	0.153	0.102	0.209**
	（0.035）	（0.423）	（0.159）	（0.172）	（0.276）	（0.049）
Year/Firm	Yes	Yes	Yes	Yes	Yes	Yes
Adj-R^2	0.233	0.256	0.274	0.244	0.304	0.190
N	233	900	579	554	557	576
P 值	0.000***		0.008***		0.021**	

注：***、** 和 * 分别表示在1%、5%、10%水平上显著；括号内P值。

（二）外部监督环境

外部监督环境对于企业投资效率的影响同样不可忽视，已有文献分别从审计师（赵艺、倪古强，2020）、媒体关注（Gao et al.，2021）、机构投资者（庄明明、梁权熙，2021）和证券分析师（黎来芳等，2022）等维度论证了外部监督强度对投资效率的积极作用。据此，我们认为，市场导向型海外并购对投资效率的影响在一定程度上取决于外部监督环境，这主要是因为：在内部治理水平较低的情况下，外部监督环境能够有效弥补内部治理水平的不足；而在内部治理水平较高的情况下，外部监督环境能够发挥互补作用而强化内部治理的监督约束。这就使得管理层的行为无时无刻不被放在聚光灯下接受严格审视与监督，从而抑制管理层利用非效率投资谋取私利的动机。近年来，在环保企业和"走出去"战略都备受关注的背景下，环保企业海外并购无疑是极具话题性的事件，可能吸引新闻媒体、分析师和监管机构等外部利益相关者的持续跟踪与关注，从而缓解海外并购引致的信息不对称和代理问题，威慑管理层的非效率投资行为。此外，外部监督环境还可能通过缓解海外并购引发的高管过度自信而进一步降低环保企业的过度投资问题。如张多蕾和赵深圳（2022）发现，外部监督环境能够显著抑制管理层过度自信引发的企业金融化问题。

为检验外部监督环境对市场导向型海外并购与环保企业投资效率关系的调节作用，我们参考罗进辉（2012）的研究，使用媒体报道次数（Media）来度量企业的外部监督环境。以往的研究结果表明，媒体报道一方面能够凭借强大的信息挖掘技术和曝光威胁改善企业的信息环境（沈洪涛、冯杰，2012），另一方面能够吸引证券分析师、机构投资者、行政监管等外部治理力量跟进（杨德明、赵璨，2012），从而强化企业的外部监督环境。我们根据样本中值对模型（5-1）进行分组检验。表5-5第（3）列和第（4）列报告了分组检验结果，可以看到，在媒体报道次数较多组（Media-H），交乘项 Treat×Post 的回归系数为-0.013，在1%的水平上显著为负；而在媒体报道次数较少组（Media-L），交乘项 Treat×Post 的回归系数为-0.007，在统计意义上不显著。这表明市场导向型海外并购对环保企业投资效率的提升作用与外部监督环境显著相关，只有在外部监督强度较高时，市场导向型海外并购才能有效改善环保企业的投资效率。

（三）地区市场化程度

我国幅员辽阔，不同地区的市场化进程存在巨大差异，这使得市场导向型海外并购对投资效率的影响在地区层面可能也存在差异。首先，在市场化水平较高的地区，投资者保护程度、公司治理水平和产品市场竞争程度相对更高（姚立杰等，2020），能够有效增强对管理层或控股股东私利攫取行为的监督作用，从而提升企业的投资效率。其次，已有文献表明，政府干预是影响企业非效率投资，尤其是过度投资的重要原因。如政府产业政策支持催生的"潮涌现象"会导致企业产生过度投资的冲动（王克敏等，2017）；政府对国有企业社会性负担和政策性负担的要求，往往导致国有企业投资一些不具备投资机会的行业或区域，从而产生严重的过度投资问题（方军雄，2007）。在市场化程度较高的地区，政府的管理质量较高，对企业的干预程度相对较低，能更好地发挥海外并购带来的协同效应，从而提升环保企业的投资效率。最后，在市场化水平较高的地区，金融发展程度也更高，这一方面能够减少海外并购带来的信息不对称和道德风险问题，抑制环保企业的过度投资冲动（李红、谢娟娟，2018）；另一方面便利的融资环境和集聚的金融资源能够有效缓解海外并购引发的资金不足和融资约束困境，从而帮助环保企业及时抓住有利的投资机会，提升投资效率。

为检验地区市场化程度对市场导向型海外并购与环保企业投资效率关系的调节效应，我们参考张文菲等（2020）的研究，使用樊纲市场化指数来度量地方的市场化水平，并根据样本中值对模型（5-1）进行分组检验。表5-5第（5）列和第（6）列报告了分组检验结果，可以看到，在市场化水平较高组（*Market-H*），交乘项 *Treat×Post* 的回归系数为-0.019，在1%的水平上显著为负；而在市场化水平较低组（*Market-L*），交乘项 *Treat×Post* 的回归系数为-0.003，在统计意义上不显著。这表明市场导向型海外并购对环保企业投资效率的提升作用与地方市场化程度显著相关，在市场化水平较高的地区，投资者保护程度、公司治理水平、产品市场竞争程度和金融发展水平显著更高，能够较好地缓解海外并购带来的信息不对称和代理问题，从而有效提升环保企业的投资效率。

四、稳健性检验

（一）平行趋势检验

处理组和对照组满足平行趋势是使用双重差分模型的重要前提。为检验基准回归模型是否符合平行趋势假设，我们参考 Amore 和 Minichilli（2018）、魏明海和刘秀梅（2021）的研究，通过构建动态双重差分模型（5-3）进行平行趋势检验：

$$Ainvst = \alpha_0 + \alpha_1 Treat \times Before_{t-n} + \alpha_2 Current + \alpha_3 Treat \times After_{t+n} + \alpha_4 X' + \lambda + \mu + \varepsilon \tag{5-3}$$

在模型（5-3）中，$Before_{t-n}$ 表示环保企业海外并购前第 $t-n$ 年，$Current$ 表示环保企业海外并购当年，$After_{t+n}$ 表示环保企业海外并购后第 $t+n$ 年。若处理组和对照组满足平行趋势假设，则交乘项 $Treat \times Before_{t-n}$ 的系数应不显著。表5-6报告了模型（5-3）的回归结果。第（1）列是在仅控制年份固定效应和企业个体固定效应的情况下，市场导向型海外并购对环保企业投资效率影响的动态效应。可以看到，交乘项 $Treat \times Before_{t-3}$、$Treat \times Before_{t-2}$ 和 $Treat \times Before_{t-1}$ 的系数在统计意义上均不显著，而交乘项 $Treat \times Current$、$Treat \times After_{t+1}$、$Treat \times After_{t+2}$ 和 $Treat \times After_{t+3}$ 的系数至少在10%的水平上显著为正。第（2）列进一步加入了基准回归模型中的相关控制变量，可以看到，结果基本保持不变。这说明在进行市场导向型海外并购之前，处理组和对照组的投资效率没有表现出明显的趋势性差异，并且市场导向型海外并购对环保企业投资效率的提升作用具有持续性。

表5-6 平行趋势检验

变量名称	（1） Ainvst	（2） Ainvst
$Treat×Before_{t-3}$	−0.002	−0.002
	（0.772）	（0.790）
$Treat×Before_{t-2}$	−0.011	−0.011
	（0.138）	（0.141）
$Treat×Before_{t-1}$	−0.011	−0.011
	（0.119）	（0.112）
$Treat×Current$	−0.020***	−0.019***
	（0.004）	（0.006）
$Treat×Afetr_{t+1}$	−0.023***	−0.022***
	（0.004）	（0.005）
$Treat×Afetr_{t+2}$	−0.019**	−0.018**
	（0.010）	（0.013）
$Treat×Afetr_{t+3}$	−0.012*	−0.009
	（0.078）	（0.191）
$Size$		0.001
		（0.757）
Lev		−0.005
		（0.670）
Roa		−0.010
		（0.694）
$Growth$		−0.000
		（0.985）

变量名称	（1）	（2）
	Ainvst	*Ainvst*
Cash		−0.003
		（0.810）
Age		−0.045***
		（0.001）
Soe		−0.007
		（0.143）
Top1		−0.000
		（0.959）
Mshare		−0.003
		（0.348）
Board		−0.000
		（0.992）
Rinde		−0.004
		（0.454）
Dual		0.001
		（0.693）
Constant	0.034***	0.144**
	（0.000）	（0.021）
Year/Firm	Yes	Yes
Adj−R^2	0.220	0.225
N	1 133	1 133

注：***、**和*分别表示在1%、5%、10%水平上显著；括号内为*P*值。

（二）安慰剂检验

为了排除遗漏变量的影响，验证市场导向型海外并购对环保企业投资效率的影响并非随机的，我们参考Dimmock等（2018）、唐国平和孙洪锋（2022）的研究，采用随机生成处理组的方法进行安慰剂检验。具体来说，我们将样本随机分成两组，视其中一组（虚拟处理组）进行了市场导向型海外并购，另一组（虚拟对照组）从没有进行过市场导向型海外并购，并将上述过程重复500次以避免偶然性事件的发生。由于虚拟处理组为随机生成，并非真正进行了市场导向型海外并购的环保企业，此时应看不到相应的估计效果，即估计系数与0无明显差异。市场导向型海外并购对环保企业投资效率影响的伪系数分布情况如图5-1所示。可以看到，交乘项$Treat×Post$的估计系数集中分布在0附近，而基准回归估计的系数（−0.01）远离该分布，这表明基准回归结果不是由随机因素导致的，环保企业投资效率的提升的确是市场导向型海外并购所带来的。

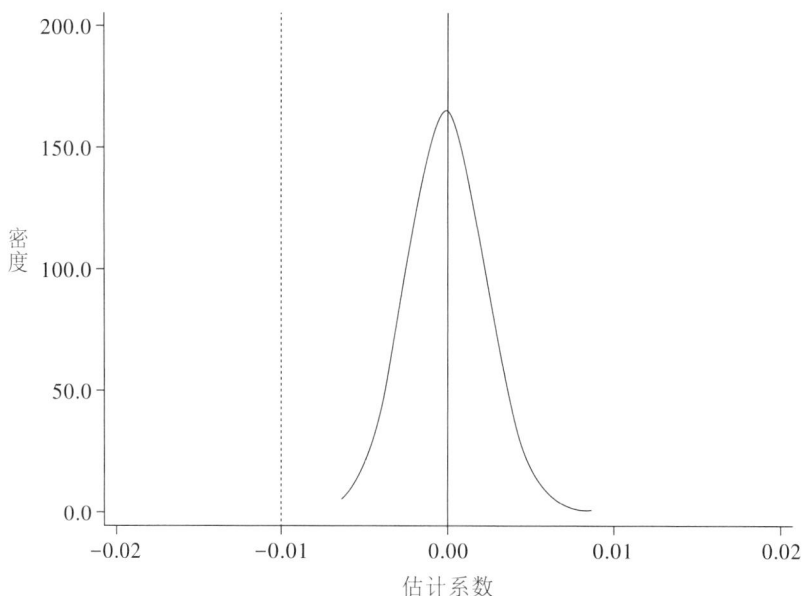

图5-1　市场导向型海外并购对环保企业投资效率影响的安慰剂检验

（三）倾向得分匹配

根据企业异质性理论及已有的海外并购相关研究，进行海外并购的环保企业并非随机的，企业规模、企业年龄、资本密集度、生产率和资产负债率等因素均会影响环保企业的海外并购决策（Davies et al.，2018；蒋冠宏，2021）。为了减少样本选择偏差带来的内生性问题，我们参考孙江明和居文静（2019）、蒋冠宏（2021）的研究，使用倾向得分匹配来解决。具体来说，首先估计每家环保企业进行市场导向型海外并购的概率，筛选出那些最有可能进行市场导向型海外并购的企业，并将其定义为处理组；然后参考冼国明和明秀南（2018）、张文菲等（2020）的研究，选择企业规模（$Size$）、资产负债率（Lev）、资产收益率（Roa）、经营活动现金流（$Cash$）、资本密集度（$Capital$）、企业年龄（Age）、产权性质（Soe）、总资产周转率（Ast）、劳动生产率（Lp）等变量作为匹配标准，为每一个处理组匹配出海外并购概率最接近而又未进行海外并购的环保企业，并将其作为对照组。表5-7报告了平衡性检验结果，可以看到，匹配前处理组与对照组的特征变量均值存在显著差异，匹配后均值差异变得不再显著，表明匹配变量和匹配方法的选取较为合理。表5-8第（1）列报告了PSM+DID回归结果，可以看到，交乘项 $Treat \times Post$ 的回归系数为 -0.013，在1%的水平上显著为负。这说明市场导向型海外并购提升环保企业投资效率的结论保持不变。

表5-7　　　　　　　　　　**倾向得分匹配平衡性检验**

匹配变量	样本	均值差异		T值（P值）	偏差	
		处理组	控制组		%bias	%reduct
$Size$	匹配前	22.454	22.232	2.26（0.024）	18.8	35.8
	匹配后	22.239	22.520	−1.04（0.299）	−12.1	

匹配变量	样本	均值差异		T值（P值）	偏差	
		处理组	控制组		%bias	%reduct
Lev	匹配前	0.504	0.497	0.42（0.676）	3.3	−23.4
	匹配后	0.486	0.494	−0.36（0.719）	−4.1	
Roa	匹配前	0.037	0.033	1.02（0.307）	8.0	83.1
	匹配后	0.038	0.038	1.42（0.158）	−1.3	
Cash	匹配前	0.133	0.145	−1.22（0.222）	−10.6	89.2
	匹配后	0.140	0.142	−0.10（0.919）	−1.1	
Capital	匹配前	0.130	0.195	−5.25（0.000）	−51.0	75.7
	匹配后	0.131	0.115	1.50（0.136）	12.4	
Age	匹配前	2.808	2.894	−3.12（0.002）	−25.4	63.8
	匹配后	2.802	2.833	−0.73（0.466）	−9.2	
Soe	匹配前	0.102	0.545	−11.45（0.000）	−107.5	95.4
	匹配后	0.118	0.139	−0.53（0.599）	−4.9	
Ast	匹配前	0.532	0.426	4.09（0.000）	29.9	82.4
	匹配后	0.459	0.440	0.62（0.534）	5.3	
Lp	匹配前	13.880	13.969	−1.40（0.163）	−11.0	41.5
	匹配后	13.817	13.869	−0.65（0.517）	−6.5	

（四）Heckman两阶段模型

为进一步缓解样本自选择带来的内生性问题，我们参考刘青等（2017）、徐慧琳等（2019）的研究，使用Heckman两阶段模型进行检验。具体来说，首先，在第一阶段建立了一个环保企业是否进行市场导向型海外并购的 Probit 模型，以环保企业是否进行市场导向型海外并购的虚拟变量作为因变量，自变量包括企业规模（*Size*）、资产负债率（*Lev*）、资产收益率（*Roa*）、经营活动现金流（*Cash*）、资本密集度（*Capital*）、企业年龄（*Age*）、产权性质（*Soe*）、总资产周转率（*Ast*）、劳动生产率（*Lp*）等。其次，将第一阶段计算出的逆米尔斯比例作为控制变量加入模型（5-1）中进行第二阶段回归。表 5-8 第（2）列报告了第二阶段回归结果。可以看到，在控制逆米尔斯比例后，交乘项 *Treat×Post* 的回归系数为 −0.011，在 1% 的水平上显著为负，结论保持稳健。

（五）替换变量

首先，一些研究者认为，直接利用模型（5-2）的残差绝对值来度量投资效率可能产生系统性偏差，而且可能让人以为所有的样本都是无效率投资的（刘艳霞、祁怀锦，2019）。为了避免这一问题，借鉴张悦玫（2017）、刘艳霞和祁怀锦（2019）的做法，将模型（5-2）估计的残差绝对值从小到大排序后，剔除前 10% 的样本，利用后90% 的样本度量投资效率。表 5-8 第（3）列报告了回归结果。结果显示，交乘项 *Treat×Post* 的回归系数为 −0.007，在 10% 的水平上显著为负，结论保持不变。其次，参考 Biddle 等（2009）、陈涛琴等（2021）的研究，使用模型（5-4）来计算投资效率：

$$Inv_{i,\,t} = \beta_0 + \beta_1 Growth_{i,\,t-1} + \varepsilon \tag{5-4}$$

在模型（5-4）中，各变量定义与模型（5-1）和模型（5-2）相同，通过计算模型拟合的残差并取绝对值来度量投资效率，值越大，意味着投资效率越差。表 5-8 第（4）列报告了回归结果。结果显示，交乘项 *Treat×Post* 的回归系数为 −0.013，在 5% 的水平上显著为负。这说明市场导向型海外并购提升环保企业投资效率的结论保持稳健。

表 5-8 稳健性检验

变量名称	（1）Ainvst	（2）Ainvst	（3）Ainvst	（4）Ainvst
Treat×Post	−0.013***	−0.011***	−0.007*	−0.013**
	（0.008）	（0.007）	（0.067）	（0.016）
Size	0.002	0.002	−0.000	−0.001
	（0.551）	（0.481）	（0.828）	（0.634）
Lev	−0.039*	−0.004	−0.006	0.011
	（0.063）	（0.731）	（0.631）	（0.367）
Roa	−0.003	−0.012	−0.015	0.024
	（0.929）	（0.636）	（0.545）	（0.372）
Growth	0.003	−0.000	0.000	−0.001
	（0.522）	（0.967）	（0.901）	（0.751）
Cash	0.019	−0.005	−0.005	−0.005
	（0.347）	（0.670）	（0.686）	（0.757）
Age	−0.056***	−0.043***	−0.044***	−0.015
	（0.003）	（0.002）	（0.002）	（0.407）
Soe	−0.007	−0.012**	−0.008	0.001
	（0.553）	（0.030）	（0.114）	（0.898）
Top1	−0.001	0.000	0.000	0.000
	（0.116）	（0.972）	（0.672）	（0.315）
Mshare	−0.001	−0.002	−0.003	−0.004
	（0.855）	（0.441）	（0.278）	（0.231）

变量名称	（1）	（2）	（3）	（4）
	Ainvst	*Ainvst*	*Ainvst*	*Ainvst*
Board	0.002	−0.000	0.001	0.001
	(0.865)	(0.960)	(0.916)	(0.927)
Rinde	−0.007	−0.003	−0.005	−0.005
	(0.465)	(0.497)	(0.314)	(0.416)
Dual	0.001	0.000	0.000	0.002
	(0.736)	(0.907)	(0.945)	(0.480)
IMR		0.011**		
		(0.044)		
Constant	0.156	0.123*	0.171***	0.100
	(0.109)	(0.051)	(0.008)	(0.176)
Year/Firm	Yes	Yes	Yes	Yes
Adj-R^2/P-R^2	0.231	0.225	0.228	0.276
N	441	1 133	1 019	1 025

注：***、** 和 * 分别表示在1%、5%、10%水平上显著；括号内为 *P* 值。

第五节　进一步分析

一、异质性分析

（一）基于企业特征的异质性分析

1.产权性质

国有企业与非国有企业在公司治理和经营目标等方面存在诸多区别，这使得市场导向型海外并购对投资效率的影响在不同产权性质的企业之间可能也存在差异。一方面，国有企业长期以来存在所有者缺位和内部人控制现象，董事会对管理层的监督和约束作用相对较弱，国有企业的代理问题更加严重（赵娜等，2019）。前文研究结果表明，市场导向型海外并购对环保企业投资效率的提升作用依赖良好的公司治理水平，因此，市场导向型海外并购的投资效率提升效应在国有企业可能受到削弱。另一方面，不同于非国有企业以经济利益最大化为唯一经营目标，国有企业经营受到政府干预程度较高，通常承担扩大社会就业、增加政府财政收入和扶持特定产业发展等社会性负担和政策性负担（潘越等，2020），有时候不得不投资于一些不具备投资机会的行业或地区（方军雄，2007），这使得市场导向型海外并购对国有环保企业投资效率的影响被削弱。由此，我们预期市场导向型海外并购对投资效率的提升作用在非国有环保企业更为明显。

为检验产权性质的影响，根据环保企业的产权性质将其划分为国有企业和非国有企业进行分组检验。表5-9第（1）列和第（2）列报告了回归结果。可以看到，在国有企业组（Soe=1），交乘项 $Treat\times Post$ 的回归系数为-0.008，在统计意义上不显著；在非国有企业组（Soe=0），交乘项 $Treat\times Post$ 的回归系数为-0.012，在5%的水平上显著为负。这说明市场导向型海外并购对投资效率的提升作用主要存在于非国有环保企业，与预期相符。

表5-9　　　　　　　　　　　基于企业特征的异质性分析

变量名称	（1）	（2）	（3）	（4）
	Soe=1	Soe=0	$Subsidy$-H	$Subsidy$-L
	$Ainvst$	$Ainvst$	$Ainvst$	$Ainvst$
$Treat\times Post$	-0.008	-0.012**	-0.011**	-0.001
	(0.123)	(0.015)	(0.037)	(0.884)

变量名称	（1） Soe=1 Ainvst	（2） Soe=0 Ainvst	（3） Subsidy-H Ainvst	（4） Subsidy-L Ainvst
Size	−0.000	−0.001	−0.002	0.006
	（0.946）	（0.788）	（0.373）	（0.294）
Lev	0.035**	−0.020	0.012	−0.043*
	（0.017）	（0.235）	（0.398）	（0.064）
Roa	0.006	−0.009	−0.024	−0.051
	（0.890）	（0.757）	（0.362）	（0.333）
Growth	0.000	−0.000	−0.001	−0.001
	（0.888）	（0.993）	（0.822）	（0.799）
Cash	0.011	−0.006	0.005	−0.008
	（0.537）	（0.694）	（0.657）	（0.718）
Age	−0.059**	−0.045**	−0.038**	−0.063*
	（0.029）	（0.010）	（0.024）	（0.083）
Soe			−0.010*	−0.008
			（0.056）	（0.487）
Top1	0.000	−0.000	−0.000	−0.000
	（0.207）	（0.315）	（0.785）	（0.593）
Mshare	0.003	−0.009	−0.002	−0.002
	（0.386）	（0.145）	（0.543）	（0.731）
Board	0.011	0.000	0.008	−0.013
	（0.210）	（0.968）	（0.345）	（0.369）

变量名称	（1） *Soe=1* *Ainvst*	（2） *Soe=0* *Ainvst*	（3） *Subsidy-H* *Ainvst*	（4） *Subsidy-L* *Ainvst*
Rinde	−0.012*	−0.003	−0.005	0.001
	(0.077)	(0.706)	(0.372)	(0.961)
Dual	0.001	0.001	−0.003	0.004
	(0.732)	(0.676)	(0.425)	(0.502)
Constant	0.147	0.181**	0.162**	0.145
	(0.200)	(0.012)	(0.013)	(0.404)
Year/Firm	Yes	Yes	Yes	Yes
Adj-R^2	0.234	0.236	0.328	0.197
N	539	594	727	406
*P*值	0.024**		0.000***	

注：***、** 和 * 分别表示在1%、5%、10%水平上显著；括号内为*P*值。

2.政府补助

以往的研究发现，政府补助虽然会在一定程度上缓解企业的融资约束，弥补投资不足，但是政府补助更多的时候会刺激企业进行过度投资，从而降低企业的投资效率（王克敏等，2017）。一方面，根据自由现金流代理理论，当企业存在较多的自由现金流时，管理层往往会基于自利动机而进行过度投资（Jensen and Meckling，1976；Fama and Jensen，1983）。政府补助会增加环保企业的自由现金流，从而可能引发管理层的过度投资冲动（李刚等，2017）。另一方面，政府补助代表了政府对企业的支持和鼓励，可能引发管理层的过度自信，导致管理层高估未来发展前景而盲目扩大投资规模（魏志华等，2015）。

张中华和杜丹（2014）发现，政府补助会加剧新兴战略企业的过度投资问题。环保企业作为当前政府重点扶持的战略性新兴产业，得到的政府补助越多，非效率投资问题可能越严重，此时海外并购带来的治理效应会越明显，对投资效率的改善作用越显著。

具体来说，我们参考卢洪友等（2019）的研究，使用政府补助的自然对数（Subsidy）来度量政府补助，并根据样本中值对模型（5-1）进行分组检验。表5-9第（3）列和第（4）列报告了分组检验结果。可以看到，在政府补助水平较高组（Subsidy-H），交乘项 Treat×Post 的回归系数为-0.011，在5%的水平上显著为负；而在政府补助水平较低组（Subsidy-L），交乘项 Treat×Post 的回归系数为-0.001，没有通过显著性检验。这说明市场导向型海外并购对投资效率的提升作用在政府补助较多的环保企业更加显著，支持了上述预期。

（二）基于高管特征的异质性分析

1.高管过度自信

过度自信理论打破了以往企业投资研究文献中关于经理人完全理性的前提假设，强调管理层会出现过度自信的认知偏差，从而导致其高估投资项目的前景收益和自身对投资活动的控制能力，低估投资项目的风险和不确定性，最终引发企业的过度投资和效率损失（Malmendier and Tate，2008；林琳、赵杨，2022）。大量文献研究表明，中国企业高管普遍存在过度自信心理，是企业进行非效率投资，尤其是催生过度投资的重要因素（许致维，2013）。但是，有效的治理机制能够加强对高管的监督约束，缓解高管的过度自信偏差，并减弱高管过度自信对投资效率的负面作用（李云鹤，2014；刘艳霞、祁怀锦，2019）。由此，若市场导向型海外并购能够发挥治理协同效应而提升环保企业的投资效率，则这一关系应在高管过度自信程度较高的环保企业更加显著。

具体来说，我们参考姜付秀等（2009）的研究，使用薪酬最高的前三名高管薪酬之和占全部高管薪酬的比例（$Overcon$）来衡量高管过度自信，并根据样本中值对模型（5-1）进行分组检验。表5-10第（1）列和第（2）列报告了分组检验结果。可以看到，在高管过度自信程度较高组（$Overcon-H$），交乘项$Treat×Post$的回归系数为-0.015，在5%的水平上显著为负；而在高管过度自信程度较低组（$Overcon-L$），交乘项$Treat×Post$的回归系数为-0.006，没有通过显著性检验。这说明市场导向型海外并购对投资效率的提升作用在高管过度自信程度较高的环保企业更加显著，与预期一致。

表5-10   基于高管特征的异质性分析

变量名称	（1） $Overcon-H$ $Ainvst$	（2） $Overcon-L$ $Ainvst$	（3） $Oversea=1$ $Ainvst$	（4） $Oversea=0$ $Ainvst$
$Treat×Post$	-0.015**	-0.006	-0.046***	-0.005
	（0.040）	（0.212）	（0.004）	（0.215）
$Size$	0.001	-0.002	0.019	-0.002
	（0.783）	（0.759）	（0.120）	（0.414）
Lev	-0.013	0.001	-0.043	-0.002
	（0.346）	（0.963）	（0.300）	（0.839）
Roa	-0.010	-0.050	-0.048	-0.008
	（0.776）	（0.177）	（0.573）	（0.765）
$Growth$	-0.004	0.001	-0.004	0.000
	（0.149）	（0.803）	（0.376）	（0.934）
$Cash$	-0.030**	0.054***	0.094*	-0.009
	（0.021）	（0.007）	（0.076）	（0.385）

变量名称	（1）	（2）	（3）	（4）
	Overcon-H	*Overcon-L*	*Oversea=1*	*Oversea=0*
	Ainvst	*Ainvst*	*Ainvst*	*Ainvst*
Age	−0.044**	−0.058**	0.018	−0.045***
	（0.044）	（0.013）	（0.808）	（0.003）
Soe	0.004	−0.011	0.002	−0.006
	（0.546）	（0.115）	（0.885）	（0.214）
Top1	−0.000	0.000	0.000	0.000
	（0.736）	（0.989）	（0.804）	（1.000）
Mshare	−0.004	0.002	0.008	−0.003
	（0.442）	（0.659）	（0.350）	（0.316）
Board	−0.005	0.007	−0.009	0.001
	（0.640）	（0.495）	（0.651）	（0.905）
Rinde	−0.000	−0.008	−0.007	−0.003
	（0.990）	（0.266）	（0.658）	（0.517）
Dual	0.001	−0.002	−0.001	0.001
	（0.816）	（0.583）	（0.837）	（0.809）
Constant	0.153	0.203*	−0.408	0.197***
	（0.119）	（0.099）	（0.118）	（0.003）
Year/Firm	Yes	Yes	Yes	Yes
Adj−R^2	0.221	0.272	0.387	0.223
N	566	567	122	1 010
P 值	0.040**		0.040**	

注：***、** 和 * 分别表示在1%、5%、10%水平上显著；括号内为 *P* 值。

2.高管海外经历

高管海外经历对市场导向型海外并购与环保企业投资效率关系的影响主要体现在两个方面：第一，具有海外经历的高管能够增强环保企业的跨文化整合能力，促进并购双方在管理经验和治理规则等领域的沟通、交流与学习（周中胜等，2020），从而更好地发挥海外并购的治理协同效应（赵海龙等，2016），促进环保企业投资效率的提升。第二，具有海外经历的高管有国际化视野和国际化管理经验，能够提升环保企业对宏观经济环境的掌控能力，在避免盲目跟风的同时，帮助企业在动态变化的行业环境中识别出最佳投资机会并作出更恰当的投资决策。代昀昊和孔东民（2017）的研究已经表明，具有海归经历的高管能够通过抑制过度投资而提升企业的投资效率。由此，我们预期市场导向型海外并购对环保企业投资效率的提升作用在高管具有海外经历的环保企业更加显著。

具体来说，我们参考代昀昊和孔东民（2017）、柳光强和孔高文（2018）的研究，若企业当年在任的总经理或董事长具有海外经历，则定义为高管具有海外经历，*Oversea* 取值为 1；否则，*Oversea* 取值为 0。表5-10第（3）列和第（4）列报告了分组检验结果。可以看到，在高管具有海外经历的环保企业（*Oversea*=1），交乘项 *Treat×Post* 的回归系数为–0.046，在1%的水平上显著为负；而在高管不具有海外经历的环保企业（*Oversea*=0），交乘项 *Treat×Post* 的回归系数为 –0.005，没有通过显著性检验。这说明市场导向型海外并购对投资效率的提升作用在高管具有海外经历的环保企业更加显著，符合前文的预期。

二、机制检验

根据理论分析内容，市场导向型海外并购可能通过如下三条渠道提升环保企业的投资效率：第一，市场导向型海外并购可以通过提升环保企业的公司治理水平，减少内部人代理问题，从而提升企业的投资效率；第二，市场导向型海外并购有助于环保企业更好地识别和把握投资机会，从而提升投资效率；第三，市场导向型海外并购能够减少环保企业的自由现金流，从而限制管理层过度投资，提升企业的投资效率。为了具体验证这些作用渠道，我们参考温忠麟等（2005）提出的中介效应检验程序建立如下回归模型：

$$Ainvst = \alpha_0 + \alpha_1 Treat \times Post + \alpha_2 X' + \lambda + \mu + \varepsilon \qquad (5\text{-}5)$$

$$Moderate = \alpha_0 + \beta_1 Treat \times Post + \beta_2 X' + \lambda + \mu + \varepsilon \qquad (5\text{-}6)$$

$$Ainvst = \alpha_0 + \lambda_1 Treat \times Post + \lambda_2 Moderate + \lambda_3 X' + \lambda + \mu + \varepsilon \qquad (5\text{-}7)$$

在上述模型中，$Moderata$ 为中介变量，分别用代理成本（$Turn$）和（Bih）、投资机会（$TobinQ$）、自由现金流（$Cashflow$）表示。其中，$Turn$ 代表第一类代理成本，参考潘红波和杨海霞（2022）的研究，采用总资产周转率度量；Bih 代表第二类代理成本，参考万丛颖等（2022）的研究，采用大股东占款度量。$Turn$ 值越小、Bih 值越大，意味着企业的代理成本越高，公司治理水平越低。投资机会（$TobinQ$）参考土丹等（2020）的研究，用企业市值与总资产之比度量，$TobinQ$ 值越大，意味着企业的投资机会越好。自由现金流（$Cashflow$）参考于文超等（2020）的研究，采用经营活动净现金流与总资产之比度量，$Cashflow$ 值越大，意味着企业的自由现金流越丰富。其他变量定义与模型（5-1）相同。

根据温忠麟等（2005）中介效应检验程序，第一步需估计模型（5-5）中回归系数 α_1 的显著性，若 α_1 显著，中介效应检验程序继续，否则终止；第二步，估计模型（5-6）和模型（5-7）中回归系数 β_1 和 λ_2 的显著性，若两者都显著，中介效应成立；在此基础上，若 λ_1 显著（不显著），则说明中介变量（$Moderata$）发挥了部分（完全）

中介作用。若回归系数 β_1 和 λ_2 至少有一个不显著，则需要通过 Sobel 检验来判断中介效应 $\beta_1 \times \lambda_2$ 的显著性。

"市场导向型海外并购–代理成本–投资效率"的渠道检验结果见表 5-11。结果显示，在第（1）列回归系数 α_1 显著的情况下，第（2）列回归系数 β_1 为 0.039，在统计意义上不显著；第（3）列在控制中介变量 Turn 后，λ_1 的回归系数为 -0.009，在 5% 的水平上显著为负，且中介变量的回归系数 λ_2 在 1% 的水平上显著为负。由于回归系数 β_1 不显著，因此进一步进行 Sobel 检验以判断中介效应是否显著存在。结果表明，Sobel 检验中的 Z 值绝对值为 1.293，大于临界值 0.97，表明总资产周转率（Turn）在市场导向型海外并购提升环保企业投资效率的影响中存在部分中介效应。从第（4）列可以看到，回归系数 β_1 在 10% 的水平上显著为负，说明市场导向型海外并购抑制了大股东占款，降低了企业的代理成本。在第（5）列，λ_1 的回归系数为 -0.009，在 5% 的水平上显著为负，且中介变量的回归系数 λ_2 在 10% 的水平上显著为正，说明大股东占款（Bih）在市场导向型海外并购提升环保企业投资效率的影响中存在部分中介效应。综上所述，市场导向型海外并购通过减少内部人代理问题，从而提升环保企业投资效率的渠道得到验证。

表5-11 "市场导向型海外并购–代理成本–投资效率"渠道检验

变量名称	（1）	（2）	（3）	（4）	（5）
	Ainvst	Turn	Ainvst	Bih	Ainvst
Treat×Post	−0.010**	0.039	−0.009**	−0.013*	−0.009**
	（0.011）	（0.393）	（0.020）	（0.064）	（0.017）
Size	0.000	0.072**	0.001	0.024***	−0.001
	（0.991）	（0.028）	（0.544）	（0.000）	（0.679）

变量名称	（1） *Ainvst*	（2） *Turn*	（3） *Ainvst*	（4） *Bih*	（5） *Ainvst*
Lev	−0.003	−0.147*	−0.006	−0.115***	0.002
	（0.777）	（0.091）	（0.599）	（0.000）	（0.886）
Roa	−0.012	0.565**	−0.001	0.064	−0.014
	（0.636）	（0.042）	（0.962）	（0.169）	（0.561）
Growth	0.000	0.042**	0.001	−0.007**	0.000
	（0.991）	（0.012）	（0.701）	（0.023）	（0.883）
Cash	−0.002	−0.164**	−0.005	−0.018	−0.001
	（0.887）	（0.010）	（0.665）	（0.278）	（0.942）
Age	−0.043***	0.110	−0.041***	0.024	−0.044***
	（0.002）	（0.213）	（0.004）	（0.195）	（0.002）
Soe	−0.006	−0.051*	−0.007	−0.005	−0.006
	（0.180）	（0.093）	（0.109）	（0.567）	（0.189）
Top1	0.000	0.001	0.000	0.000	−0.000
	（0.971）	（0.199）	（0.829）	（0.218）	（0.957）
Mshare	−0.002	−0.014	−0.003	0.004	−0.003
	（0.433）	（0.469）	（0.374）	（0.362）	（0.400）
Board	0.001	−0.078*	−0.001	−0.014	0.001
	（0.910）	（0.078）	（0.921）	（0.188）	（0.844）
Rinde	−0.004	0.054*	−0.003	0.009	−0.004
	（0.424）	（0.099）	（0.550）	（0.192）	（0.380）
Dual	0.001	−0.001	0.001	0.001	0.001
	（0.816）	（0.981）	（0.814）	（0.802）	（0.828）

变量名称	（1）Ainvst	（2）Turn	（3）Ainvst	（4）Bih	（5）Ainvst
Turn			−0.018***		
			(0.001)		
Bih					0.041*
					(0.063)
Constant	0.150**	−1.201	0.128**	−0.509***	0.171***
	(0.016)	(0.126)	(0.041)	(0.000)	(0.007)
Year/Firm	Yes	Yes	Yes	Yes	Yes
Adj-R^2	0.222	0.763	0.234	0.411	0.224
N	1 133	1 133	1 133	1 133	1 133

注：***、** 和 * 分别表示在1%、5%、10%水平上显著；括号内为P值。

"市场导向型海外并购–投资机会–投资效率"的渠道检验结果见表5-12。在进行中介效应检验之前，我们参考周中胜等（2017）的研究，进行了投资支出与投资机会的敏感性检验。投资支出与投资机会的敏感性主要表示投资支出在方向上与投资机会是否一致，反映了企业抓住投资机会的能力（周中胜等，2017）。第（1）列结果显示，交乘项 Treat×Post×TobinQ 的回归系数为0.012，在1%的水平上显著为正，说明市场导向型海外并购能够促使环保企业更好地抓住和利用投资机会，从而提高投资支出与投资机会之间的敏感性。第（2）~（4）列报告了中介效应检验结果。可以看到，在回归系数 α_1 显著的情况下，回归系数 β_1 为0.389，在1%的水平上显著为正，说明市场导向型海外并购增加了环保企业的投资机会；在控制中介变量 TobinQ 后，λ_1 的回归系数为−0.009，在5%的水平上显著为负，且中介变量

的回归系数 λ_2 在 5% 的水平上显著为负，说明投资机会（$TobinQ$）在市场导向型海外并购提升环保企业投资效率的影响中存在部分中介效应。综上所述，市场导向型海外并购帮助环保企业更好地识别和把握投资机会，从而提升其投资效率的渠道得到验证。

表5-12 **"市场导向型海外并购–投资机会–投资效率"渠道检验**

变量名称	（1） $Invest$	（2） $Ainvst$	（3） $TobinQ$	（4） $Ainvst$
$Treat×Post$	−0.034***	−0.010**	0.389***	−0.009**
	（0.000）	（0.011）	（0.007）	（0.015）
$Treat×Post×TobinQ$	0.012***			
	（0.000）			
$TobinQ$	−0.002***			−0.001**
	（0.006）			（0.029）
$Size$	0.012***	0.000	−1.247***	−0.001
	（0.002）	（0.991）	（0.000）	（0.578）
Lev	−0.049***	−0.003	0.259	−0.003
	（0.008）	（0.777）	（0.797）	（0.795）
Roa	−0.005	−0.012	3.323	−0.008
	（0.914）	（0.636）	（0.244）	（0.741）
$Growth$	0.003	0.000	−0.050	−0.000
	（0.491）	（0.991）	（0.616）	（0.989）
$Cash$	−0.018	−0.002	0.172	−0.001
	（0.372）	（0.887）	（0.812）	（0.900）
Age	−0.055**	−0.043***	−0.563	−0.043***
	（0.030）	（0.002）	（0.418）	（0.002）

变量名称	（1）	（2）	（3）	（4）
	Invest	*Ainvst*	*TobinQ*	*Ainvst*
Soe	−0.015	−0.006	−0.086	−0.006
	（0.113）	（0.180）	（0.818）	（0.167）
Top1	0.000	0.000	−0.022**	−0.000
	（0.131）	（0.971）	（0.013）	（0.910）
Mshare	−0.015***	−0.002	−0.635*	−0.003
	（0.003）	（0.433）	（0.052）	（0.306）
Board	−0.007	0.001	−0.883	−0.000
	（0.548）	（0.910）	（0.241）	（0.983）
Rinde	0.000	−0.004	0.099	−0.004
	（0.954）	（0.424）	（0.793）	（0.436）
Dual	0.005	0.001	0.425*	0.001
	（0.209）	（0.816）	（0.063）	（0.696）
Constant	−0.009	0.150**	33.106***	0.184***
	（0.936）	（0.016）	（0.000）	（0.004）
Year/Firm	Yes	Yes	Yes	Yes
Adj-R^2	0.423	0.222	0.552	0.227
N	1 133	1 133	1 133	1 133

注：***、** 和 * 分别表示在1%、5%、10%水平上显著；括号内为 *P* 值。

"市场导向型海外并购–自由现金流–投资效率"的渠道检验结果见表5-13。可以看到，在回归系数 α_1 显著的情况下，回归系数 β_1 为0.002，在统计意义上不显著；在控制中介变量 *TobinQ* 后，λ_1 的回归系数为−0.010，在5%的水平上显著为负，中介变量的回归系数 λ_2 在统计意义上不显著。由于回归系数 β_1 和 λ_2 均不显著，因此需要通过 Sobel 检验以判断中介效应是否存在。Sobel 检验显示，Z 值绝对值为 0.191，小于临界值 0.97，表明自由现金流（*Cashflow*）在市场导向型海外并购提升环保企业投资效率的影响中不存在中介效应，即市场导向型海外并购通过减少环保企业自由现金流而提升其投资效率的渠道没有得到验证。

表5-13 "市场导向型海外并购–自由现金流–投资效率" 渠道检验

变量名称	（1）	（2）	（3）
	Ainvst	*Cashflow*	*Ainvst*
Treat×Post	−0.010**	0.002	−0.010**
	（0.011）	（0.832）	（0.011）
Size	0.000	−0.007	−0.000
	（0.991）	（0.199）	（0.991）
Lev	−0.003	0.013	−0.003
	（0.777）	（0.619）	（0.784）
Roa	−0.012	−0.008	−0.012
	（0.636）	（0.908）	（0.634）
Growth	0.000	−0.001	0.000
	（0.991）	（0.736）	（0.995）
Cash	−0.002	0.062**	−0.001
	（0.887）	（0.025）	（0.920）
Age	−0.043***	0.031	−0.042***
	（0.002）	（0.306）	（0.002）
Soe	−0.006	0.001	−0.006
	（0.180）	（0.919）	（0.181）

变量名称	（1）	（2）	（3）
	Ainvst	Cashflow	Ainvst
Top1	0.000	−0.000	0.000
	（0.971）	（0.891）	（0.973）
Mshare	−0.002	−0.008	−0.002
	（0.433）	（0.246）	（0.423）
Board	0.001	0.016	0.001
	（0.910）	（0.300）	（0.896）
Rinde	−0.004	−0.019*	−0.004
	（0.424）	（0.098）	（0.407）
Dual	0.001	−0.006	0.001
	（0.816）	（0.385）	（0.830）
Cashflow			−0.007
			（0.607）
Constant	0.150**	0.072	0.150**
	（0.016）	（0.635）	（0.015）
Year/Firm	Yes	Yes	Yes
Adj-R^2	0.222	0.323	0.222
N	1 133	1 133	1 133

注：***、** 和 * 分别表示在1%、5%、10%水平上显著；括号内为 P 值。

第六节　本章小结

本章将环保企业以获取海内外市场为目标的海外并购活动界定为

市场导向型海外并购，并利用2010—2021年 A 股上市环保企业的数据考查了市场导向型海外并购对环保企业投资效率的影响。研究发现：（1）市场导向型海外并购显著提升了环保企业的投资效率，这一结论在经过平行趋势检验、安慰剂检验、倾向得分匹配、Heckman 两阶段模型和替换变量等稳健性检验后保持不变。（2）区分非效率投资类型发现，市场导向型海外并购主要通过抑制过度投资而提升了投资效率，对投资不足的改善不明显。（3）市场导向型海外并购对投资效率的提升效应依赖企业的内部治理水平、外部监督强度和地区制度环境。具体来说，相较董事长和总经理两职合一企业、媒体关注较少企业和处于市场化程度较低地区企业而言，市场导向型海外并购对投资效率的改善作用主要存在于董事长和总经理两职分离企业、媒体关注较多企业和处于市场化程度较高地区企业。（4）基于企业特征和高管特征的异质性分析显示，市场导向型海外并购的投资效率提升效应在非国有企业、政府补助较多的企业、高管过度自信的企业和高管具有海外经历的企业更为显著。（5）中介效应检验显示，市场导向型海外并购主要通过两条途径提升环保企业的投资效率：一是通过减少环保企业代理问题，提升公司治理水平而提升投资效率；二是通过帮助环保企业更好地识别和把握投资机会，从而提升投资效率。

第六章

海外并购与环保企业价值

第一节　问题提出

　　无论是技术导向型海外并购还是市场导向型海外并购，其根本目的都是帮助环保企业更好地创造价值，增加股东财富。尽管前文的阐述表明，技术导向型海外并购在整体上提升了环保企业的创新水平，市场导向型海外并购通过抑制过度投资提升了环保企业的投资效率，但是，要先验性地回答海外并购是否为环保企业创造了价值，并不是一个简单的问题。根据麦肯锡的"七七定律"，有七成海外并购是失败的，不仅没有达到价值增值的目标，反而给企业造成了价值毁损（杨波、万筱雙，2021）。近年来，天翔环境、巴安水务和中金环境等环保企业在海外并购后陷入经营困境，中国天楹、苏交科等环保企业在海外并购后短短几年就将标的企业出售，这些现象引起了资本市场对环保企业海外并购质量和效益的广泛质疑。在这种情况下，从实证研究角度检验环保企业的价值创造效应对于科学评估环保企业海外并购的得失，以及为后续环保企业更好地实施"走出去"战略均有重要的现实意义。

　　从理论研究视角看，已经有不少文献考查了海外并购的价值创造效应，但是研究结论莫衷一是。如 Danbolt 和 Maciver（2012）比较了英国企业海外并购与国内并购的影响差异，他们发现，海外并购为主并企业和标的企业创造的财富效应均高于国内并购。Yoon 和 Lee（2016）利用巴西、俄罗斯、中国、印度和墨西哥等多国海外并购数据研究发现，技术导向型海外并购具有价值创造效应，并且这一效应与标的企业的技术水平显著正相关。然而，Moeller 和 Schlingemann（2005）、Uddin 和 Boateng（2009）、李云鹤等（2019）分别使用美国、英国和中国跨国企业数据研究发现，海外并购整体上并没有显著影响股票市场收益率。Ding 等（2021）比较了海外并购的短期价值创造效应和长期价值创造效应，结果表明，海外并购短期内帮助企业获得了更高的累计超额收益率，但是长期内并没有改善企业的资产收益率。尽管这些研究在海外并购与企业价值创造领域取得了丰富的成果，但是仍存在一定的局限性，有待进一步完善。

首先，已有研究主要利用事件研究法考查海外并购对短期内企业股票收益率的影响，即海外并购对股东财富的影响，这一方法主要反映了资本市场参与者对企业海外并购的认可度（蒋冠宏，2017），在资本市场发展完善的情况下，能够在一定程度上测度海外并购的短期价值效应（Ding et al.，2021），但是这并不代表海外并购的真实价值，尤其是不能代表体现企业实际竞争力的中长期价值（刘柏、梁超，2017；吴先明、张玉梅，2019）。在中国资本市场发展不成熟、大股东侵害中小股东利益事件屡见不鲜的背景下，为了保障自身利益，投资者更倾向于关注盈利能力等反映企业长期价值的指标（Zhai et al.，2011）。因此，研究中国企业海外并购的价值创造效应，不仅要关注短期的股东财富效应，更要关注反映企业盈利能力和发展机会的长期价值效应，而目前对于海外并购短期价值效应和长期价值效应的比较研究尚比较匮乏（Ding et al.，2021）。其次，已有文献虽然关注了海外并购的价值创造效应，但是多数研究者忽视了对其背后作用机制的探讨，这对于全面理解海外并购的作用发挥和更具针对性地完善企业"走出去"战略无疑是一个重要的缺失环节。最后，不同目标导向的海外并购对企业价值的影响是存在差异的，如以获取市场为导向的海外并购能够有效扩大企业在东道国的市场占有率，从而在短期内迅速提升企业价值；而以获取先进技术等战略资产为导向的海外并购对市场占有率的影响有限，其对企业价值的影响在短期内可能相对不明显（蒋冠宏等，2017）。现有文献往往视海外并购为同一目标导向的整体，鲜有研究者探讨不同目标导向的海外并购对企业价值创造影响的差异。

　　基于上述理论和实践背景，我们拟从如下几方面来探讨海外并购对环保企业价值创造的影响：第一，通过事件研究法考查海外并购对环保企业股票收益率的影响，从而判断环保企业海外并购的短期价值创造效应；利用双重差分模型检验海外并购对环保企业市场价值和财务业绩的影响，从而判断环保企业海外并购的长期价值创造效应；第二，区分不同目标导向的海外并购活动（即技术导向型海外并购和市场导向型海外并购）对环保企业价值创造影响的差异；第三，探讨不同情境下海外并购与环保企业价值创造关系的变化；第四，如果海外并购的确为环保企业创造了价值，探讨其背后的作用机制。

第二节　理论分析与研究假设

　　海外并购会导致知识、信息、经验和资本等要素在主并企业和标的企业流通与共享，从而产生协同效应（蒋冠宏，2021）。并购的协同效应主要包括规模经济和范围经济、投资协同、治理协同和市场营销资源协同等（Blonigen and Pierce，2016），这些协同效应会从不同方面影响企业的价值创造（蒋冠宏，2020）。结合海外并购的相关文献和环保企业海外并购的特征事实，我们认为，海外并购从如下几条途径提升环保企业的价值：

　　第一，海外并购能产生规模经济和范围经济等协同效应，从而增强环保企业的市场竞争优势，提升企业价值。首先，海外并购可以实现环保企业和标的企业优质资产和技术的整合与互补，从而降低产品的边际成本，扩大企业的生产规模，实现规模经济效应，从而增强环保企业产品竞争优势，提升企业价值（蒋冠宏，2020）。其次，环保企业通过海外并购可以快速进入国际市场，及时了解国际市场消费者的动态化需求、产品标准和规格，甚至产品未来的发展方向和创新趋势，从而帮助环保企业有针对性地增加产品种类并进入新的产品市场，实现范围经济效应，最终通过增强企业产品的整体议价能力而提升企业价值（蒋冠宏，2021）。如永清环保2015年通过收购美国Integrated Science & Technology公司，成功开拓了土壤修复药剂市场，经营业绩得到大幅提升。

第二，海外并购能促成环保企业与标的企业的投资协同，从而改善资本配置效率，提升企业价值。海外并购的投资协同效应主要体现在两个方面：其一，环保企业通过学习、吸收和消化标的企业先进的环保知识和技术，以及与东道国企业、高校或科研机构等合作建立研发中心，可以提高研发效率，降低研发风险（张文菲等，2020；吴先明、马子涵，2022）。同时，并购双方在知识、技术、人才和设备等研发资源方面的共享，以及研发成果在集团内部的反馈，可以激励集团进行更大范围的研发和创新（蒋冠宏，2017；蒋冠宏，2021）。其二，环保企业通过海外并购进入发达国家拓展业务和市场，能够优先获得发展机会和产品市场需求等方面的优势信息（He et al.，2019；贾妮莎等，2020），有利于环保企业及时调整投资策略，在集团内部通过将资本分配至最具投资机会的子公司而改善资本配置效率（Li et al.，2017），进而提升集团的整体价值。

第三，海外并购可以改善环保企业的公司治理水平，减少内部人代理问题，从而提升企业价值。中国等新兴市场由于投资者保护水平不高、公司治理机制不完善，大股东通过资金占用和关联交易等方式侵害中小股东利益的事件时有发生，管理层利用信息不对称攫取控制权私利的情况也屡禁不止，这些代理问题严重损害了股东财富，造成企业价值毁损。环保企业进入投资者保护水平更高的发达国家开展并购活动，为了适应当地的制度标准和治理规则，会主动绑定更为严格的公司治理机制以取得合法性并降低交易成本（Priyesh and Jijo，2021）。同时，在并购后的资源整合过程中，环保企业可以通过组织学习加强与标的企业在管理经验和治理规则等领域的沟通与交流，从而提高自身的治理水平，产生治理协同效应（Ding et al.，2017），最终通过抑制内部人的代理问题而提升企业价值。

第四，海外并购可以获取目标企业的市场营销资源，如新的市场进入渠道、客户资源、营销网络和营销品牌等，从而增强环保企业的市场竞争力，提升企业价值。一方面，与企业自行开辟和拓展国际市场相比，利用目标企业的市场品牌、客户网络和销售渠道等营销资源进入国际市场的成本和风险相对更低（蒋冠宏，2017），能够更快地扩大国际市场份额、增加市场销售额，进而提升企业价值。例如，中国天楹并购欧洲固废治理巨头 Urbaser 公司后，利用其国际市场渠道和国际化品牌，迅速进入了欧洲和亚洲等地区的环保市场，Urbaser 公司创造的营业收入和现金流占中国天楹集团的一半以上，极大地提升了中国天楹的市场价值。另一方面，通过海外并购进入国际市场能让环保企业及时了解最新的市场消费需求、产品标准和规格，帮助其有针对性地推出新的产品并提高产品质量（Guadalupe et al.，2012），进而提升环保企业的市场势力和市场价值（蒋冠宏，2021）。

但是，由于中国和发达国家之间存在较大的地理距离、制度差异和文化差异，海外并购相较国内并购更加复杂，面临更高的信息不对称程度和交易成本，使并购后的价值效应可能不尽如人意。这主要体现在如下几个方面：

首先，由地理距离和文化差异引致的信息不对称会增加环保企业的摩擦成本，从而不利于海外并购后的企业价值提升。第一，对标的企业资产价值、股票价格和财务状况等不熟悉，使环保企业必须聘请专业的咨询团队来进行调查和评估，从而增加了并购的搜寻成本（Ding et al.，2021）；第二，关于目标资产信息的匮乏可能导致对目标资产质量和价格的评估产生偏差，甚至收购一些低价值资产或垃圾资产（Reuer and Ragozzino，2014），从而拖累并购后的业绩表现；第三，信息不对称可能导致环保企业支付更高的并购溢价，并选择不利的并购支付方式（Goergen and Renneboog，2004）；第四，信息不对称可能加大环保企业的代理成本，加剧管理层"帝国构建"的扩张动机（Ding et al.，2021），从而使海外并购沦为管理层获取控制权私利的工具，使企业价值遭到破坏（李云鹤等，2018）。

其次，中国与东道国在法律法规和文化习俗等维度面临的正式制度和非正式制度差异会增加并购的交易成本，可能导致并购后的绩效不尽如人意。第一，政治和法律等正式制度差异会增加环保企业海外并购的合法性成本。比如，中国企业的海外并购通常被认为附加了政治目的，在并购前更容易受到东道国投资者的抵制和政府管制，并购后的运营过程中也会受到东道国监管机构更加严格的监督，甚至在行业准入和市场准入等领域还会受到硬性管制或歧视性对待（吴小节、马美婷，2022）。第二，文化和社会习俗等非正式制度差异会增加协同成本，降低并购后的资源整合效率。比如，文化和语言的不同会降低并购后双方沟通的效率，增大双方在业务目标和运营实务中的理解难度，甚至加剧组织冲突和组织运营的不确定性，引发高管和核心员工的负面情绪或离职（尹亚红，2019）。制度距离引发的这种效率损失和资源损耗被认为是增加协同成本、降低资源整合效率的重要因素，对并购后企业价值的破坏作用也得到了相关研究结论的证实（孙淑伟等，2018）。

最后，新兴市场的跨国企业在海外并购时往往会展现出民族自豪感，尤其是在发达国家开展并购活动时体现得更为明显（Hope et al.，2011）。这种民族自豪感通常反映在高额的并购溢价、现金支付、全额持股和非理性并购等方面（Ding et al.，2021），而这又会导致"赢者诅咒"，从而损害企业的盈利能力（蒋冠宏，2020）。事实上，中国环保企业在海外并购时已经表现出民族自豪感，比如高并购溢价、现金支付和部分企业过分看重标的企业的先进技术而忽视其经营业绩的非理性并购等。此外，这种民族自豪感还会催生管理层的过度自信，使得他们在海外并购过程中夸大自身对结果的掌控能力，高估并购的协同效应，低估制度距离等不可控因素的风险和不确定性，最终损害并购后的绩效提升（刘柏、梁超，2017）。

综上分析，我们提出研究假设H3：

假设H3a：海外并购提升了环保企业的价值；

假设H3b：海外并购降低了环保企业的价值。

第三节 研究设计

一、样本选择与数据来源

我们以2010—2021年A股上市环保企业为研究样本，其中海外并购的完成时间为2012—2020年。参考现有文献的做法，对初选数据进行了如下处理：（1）删除样本期间内被ST、*ST类上市公司；（2）剔除销售收入小于0和资不抵债等异常值样本；（3）为保证样本的持续性，剔除观测值少于4的样本企业；（4）删除关键数据不全的样本；（5）剔除东道国位于开曼群岛、英属维尔京群岛等避税天堂的并购事件以及属于关联交易的并购事件。经过上述处理，我们最终获得134家环保企业共1 250个样本观测值。为缓解离群值对研究结论的影响，我们还对全部连续变量进行了上下1%的缩尾处理。在数据来源方面，环保企业名单来自《2021中国环保产业发展状况报告》，以及东方财富、大智慧等财经网站的环保板块。海外并购数据来自国泰安数据库和东方财富并购重组库，并通过百度搜索、新浪财经和上市公司年报等途径进行确认、补充和删除。其他财务数据和公司治理数据均来自国泰安数据库和CNRDS数据库。

二、事件研究法计算短期市场价值

海外并购的价值创造效应包括短期价值效应和长期价值效应。其中，短期价值效应一般采用事件研究法来计算和判断。我们通过计算海外并购宣告日前后的超额收益率来判断海外并购的股东财富效应，若超额收益率显著为正（负），说明海外并购对企业价值产生了积极（消极）作用；若超额收益率不显著，则说明海外并购对企业价值的影响微乎其微。事件研究法涉及估计窗口、事件窗口和估计模型的选择等问题。具体来说，我们参考李云鹤等（2018）、宋贺和段军山（2019）的方法，使用环保企业海外并购宣告日前150个交易日至并购宣告日前30个交易日，即120个交易日作为估计窗口，记为[-150，-30]。考虑到并购宣告前可能发生信息泄露等问题，我们设置了多个事件窗口来计算环保企业海外并购的超额收益，分别记为[-1，1]、[-2，2]、[-5，5]、[-10，10]和[-15，15]。

我们选择市场模型对海外并购企业股票的预期收益率进行估计。首先，选用环保企业的个股日交易数据和沪深300市场指数，利用公式（6-1）计算个股的日收益率或市场收益率：

$$R_{j,t} = Ln(P_{j,t}/P_{j,t-1}) \tag{6-1}$$

其中：$R_{j,t}$表示环保企业j在第t日的个股实际收益率；$P_{j,t}$和$P_{j,t-1}$分别表示环保企业j在第t日和第$t-1$日的股票收盘价。

其次，利用个股估计窗口的数据分别估计公式（6-2）中的参数 α_j 和 β_j，并利用估计出来的市场模型计算个股的预期正常收益率 $E\left(R_{j,\,t}\right)$：

$$E\left(R_{j,\,t}\right) = \alpha_j + \beta_j \times R_{m,\,t} \tag{6-2}$$

最后，分别使用公式（6-3）、公式（6-4）和公式（6-5）计算个股的超额收益率（AR）、样本企业在事件期间的累计超额收益率（CAR）和样本企业的累积平均异常收益率（$CAAR$）：

$$AR_{j,\,t} = R_{j,\,t} - E\left(R_{j,\,t}\right) \tag{6-3}$$

$$CAR_{j,\,t} = \sum_{t=1}^{T} AR_{j,\,t} \tag{6-4}$$

$$CAAR_{j,\,t} = \left(\frac{1}{N}\right) \sum_{t=1}^{T} \sum_{j=1}^{N} AR_{j,\,t} \tag{6-5}$$

三、模型设计与变量定义

（一）模型设计

为检验海外并购对环保企业长期价值创造的影响，我们参考 Liu 等（2021）、Ding 等（2021）和薛安伟（2017）的研究，建立双重差分模型（6-6）：

$$Value = \alpha_0 + \alpha_1 Treat \times Post + \alpha_2 X' + Year \times Province + \mu + \varepsilon \tag{6-6}$$

（二）变量定义

1.被解释变量

$Value$ 表示企业的长期价值。企业长期价值的衡量指标一般包括市场指标和财务指标，参考 Liu 等（2021）、袁天荣和王霞（2021）、蒋志雄和王宇露（2022）的研究，我们在主检验中利用 $TobinQ$ 的变化值 $\Delta TobinQ$ 来表示企业的市场价值，利用总资产收益率的变化值 ΔRoa 来表示企业的盈利能力；在稳健性检验中，分别使用 $TobinQ$ 的原值和 Roa 的原值来度量企业的市场价值和盈利能力。

2.解释变量

Treat 为处理组虚拟变量，我们将进行过海外并购的环保企业定义为处理组，取值为1；将从没有进行过海外并购的环保企业定义为对照组，取值为0。*Post* 为环保企业进行海外并购的时间虚拟变量，在并购之前取值为0，并购之后取值为1。需要指出的是，针对部分企业存在多次海外并购的现象，我们参考现有文献的做法（李梅、余天骄，2016；冼国明、明秀南，2018），选择企业第一次进行海外并购的时间作为并购时间。由于控制了企业个体固定效应，因此不必再控制 *Treat* 和 *Post* 的单独项。

3.控制变量

X 表示控制变量。参考 Ding 等（2021）、吴小节和马美婷（2022）的研究，我们选取的控制变量具体包括企业规模（*Size*）、资产负债率（*Lev*）、营业收入增长率（*Growth*）、现金持有量（*Cash*）、海外营业收入（*Oversale*）、产权性质（*Soe*）、股权集中度（*Top1*）、管理层持股（*Mshare*）、董事会规模（*Board*）、独董比例（*Rinde*）和两职合一（*Dual*）。为避免不可观测的地区-时间趋势因素对企业价值的影响，我们参考刘新恒等（2021）的研究，控制了省份-时间趋势的固定效应。*μ* 表示企业个体固定效应。主要变量定义和说明见表6-1。

表6-1 主要变量定义和说明

变量名称	变量符号	变量说明
企业价值	$\Delta TobinQ$	企业当年市值与总资产之比减去年市值与总资产之比
	ΔRoa	企业当年总资产收益率减去年总资产收益率
处理组虚拟变量	*Treat*	企业进行过海外并购取值为1，企业没有进行过海外并购取值为0
时间虚拟变量	*Post*	海外并购后取值为1，否则取值为0

变量名称	变量符号	变量说明
企业规模	*Size*	企业年末总资产的自然对数
资产负债率	*Lev*	企业年末总负债与年末总资产的比值
营业收入增长率	*Growth*	企业当年营业收入减上年营业收入除以上年营业收入
现金持有量	*Cash*	年末货币资金与总资产的比值
海外营业收入	*Oversale*	企业有海外营业收入取值为1，否则取值为0
产权性质	*Soe*	国有企业取值为1，非国有企业取值为0
股权集中度	*Top1*	第一大股东持股数量与总股本的比值
管理层持股	*Mshare*	管理层持有企业股票取值为1，否则取值为0
董事会规模	*Board*	企业董事会总人数的自然对数
独董比例	*Rinde*	独立董事人数与董事会人数的比值
两职合一	*Dual*	企业董事长和总经理为同一人取值为1，否则取值为0

四、描述性统计分析

主要变量的描述性统计结果见表6-2。可以看到，$\Delta TobinQ$ 的均值和中值分别为-0.022和-0.018，最小值和最大值分别为-4.373和3.455，标准差为0.926；ΔRoa 的均值和中值分别为-0.003和-0.001，最小值和最大值分别为-0.217和0.199，标准差为0.047。这说明我国环保企业的总体市场价值和盈利能力普遍偏低，且不同环保企业的市场价值和盈利能力存在较大差异。$Treat$ 的均值为0.234，说明约有23.4%的环保企业进行过海外并购。$Post$ 的均值为0.141，说明海外并购后的处理组约占总样本的14.1%。在控制变量方面，$Size$ 的最小值

和最大值分别为 19.132 和 25.597，Lev 的最小值和最大值分别为 0.075
和 0.897，说明不同环保企业之间的资产规模和资本结构存在较大差
异。Soe 的均值为 0.465，说明国有环保企业和非国有环保企业的数量
基本接近。其他变量的统计值均处于合理区间内，不再赘述。此外，
VIF 诊断显示，平均 VIF 值为 1.64，最大值为 2.58，小于门槛值 10，
由此可以排除多重共线性问题对研究结论的影响。

表 6-2 主要变量描述性统计

变量	样本量	均值	标准差	最小值	中位数	最大值
$\Delta TobinQ$	1 250	−0.022	0.926	−4.373	−0.018	3.455
ΔRoa	1 250	−0.003	0.047	−0.217	−0.001	0.199
$Treat$	1 250	0.234	0.423	0.000	0.000	1.000
$Post$	1 250	0.141	0.348	0.000	0.000	1.000
$Size$	1 250	22.327	1.232	19.132	22.257	25.597
Lev	1 250	0.494	0.189	0.075	0.508	0.897
$Growth$	1 250	0.242	0.526	−0.561	0.139	3.430
$Cash$	1 250	0.142	0.114	0.010	0.109	0.606
$Oversale$	1 250	0.401	0.490	0.000	0.000	1.000
Soe	1 250	0.465	0.499	0.000	0.000	1.000
$Top1$	1 250	33.333	13.923	10.430	30.560	69.270
$Mshare$	1 250	0.718	0.450	0.000	1.000	1.000
$Board$	1 250	2.303	0.248	1.609	2.303	2.890
$Rinde$	1 250	1.310	0.275	0.693	1.099	1.946
$Dual$	1 250	0.194	0.396	0.000	0.000	1.000

第四节　实证结果与分析

一、环保企业海外并购的短期价值效应

不同事件窗口下环保企业海外并购的平均超额收益率及显著性检验结果见表6-3。从总体海外并购来看，当事件窗口为［-1，1］、［-2，2］和［-5，5］时，环保企业的平均累计超额收益率（$CAAR$）分别为0.001、0.008和0.011，均微弱为正，但t值远低于10%的统计显著性水平。当事件窗口为［-10，10］和［-15，15］时，环保企业的平均累计超额收益率分别为-0.008和-0.031，均微弱为负，但t值远低于10%的统计显著性水平。这些结果表明，$CAAR$在整个时期先呈现上升趋势，再呈现下降趋势，但是整个阶段都与零不存在显著差异，反映出短期内投资者并不看好环保企业的海外并购活动，因此海外并购总体上没有为环保企业创造明显的市场价值。

表6-3　　环保企业海外并购的短期价值效应检验（一）

海外并购类型	事件窗口	$CAAR$	$S.E$	$T-value$	$P-value$
总体海外并购	［-1，1］	0.001	0.008	0.174	0.863
	［-2，2］	0.008	0.013	0.608	0.546
	［-5，5］	0.011	0.017	0.657	0.515
	［-10，10］	-0.008	0.020	-0.411	0.683
	［-15，15］	-0.031	0.022	-1.410	0.165
技术导向型海外并购	［-1，1］	-0.008	0.009	-0.823	0.417
	［-2，2］	-0.0004	0.015	-0.028	0.978
	［-5，5］	-0.009	0.020	-0.460	0.649

海外并购类型	事件窗口	*CAAR*	*S.E*	*T-value*	*P-value*
技术导向型海外并购	[-10, 10]	-0.018	0.024	-0.756	0.456
	[-15, 15]	-0.049	0.026	-1.730*	0.094
市场导向型海外并购	[-1, 1]	-0.003	0.011	-0.265	0.792
	[-2, 2]	0.005	0.017	0.269	0.790
	[-5, 5]	0.002	0.022	0.101	0.920
	[-10, 10]	-0.013	0.027	-0.477	0.637
	[-15, 15]	-0.041	0.029	-1.407	0.169

进一步地，我们考查了不同类型海外并购活动的平均超额收益率及显著性检验结果。可以看到，技术导向型海外并购在全部事件窗口期，*CAAR* 均为负值，基本呈现下降趋势，且在 [-15, 15] 的事件窗口下，*t* 值达到10%的统计显著性水平。这说明资本市场对于环保企业技术导向型海外并购公告的反应是消极的，投资者认为技术导向型海外并购并不能为企业创造价值。从市场导向型海外并购的市场反应来看，*CAAR* 有正有负，但是都不显著，这与总体海外并购的情况基本相同。总而言之，这些结果表明环保企业的海外并购没有为股东创造财富，并不具有短期价值创造效应。我们认为，短期内投资者不看好环保企业海外并购的原因可能有两点：其一，中国资本市场发展不成熟，大股东和管理层侵害中小股东利益的事件频频发生（Ding et al.，2021），这严重损害了外部投资者的信心，投资者担心海外并购可能只是公司内部人牺牲中小股东利益以攫取控制权私利的工具（Liu et al.，2021；李云鹤等，2018）。其二，由于政治、法律和文化等正式制度和非正式制度的差异，海外并购的性质更加复杂，面临的风险和不确定性也更高，环保企业能否实现预期的并购目标尚存疑问，因而投资者对于环保企业的海外并购秉持保守的态度。

二、基准回归分析结果

海外并购与环保企业长期价值基本关系检验结果见表6-4。第（1）列是以市场价值$\Delta TobinQ$为被解释变量的回归结果，结果显示，交乘项$Treat×Post$的回归系数为0.332，在5%的水平上显著为正。第（2）列是以盈利能力ΔRoa为被解释变量的回归结果，结果显示，交乘项$Treat×Post$的回归系数为0.000，在统计意义上不显著。这表明海外并购从长期来看提升了环保企业的市场价值，但是没有明显提升其盈利能力，这一结果与Ding等（2021）、蒋冠宏（2017）和郭文博等（2019）的结论相同。结合相关文献和环保企业海外并购的特征，我们认为，海外并购之所以没有提升环保企业的盈利能力，主要是因为如下几点：

表6-4   海外并购与环保企业长期价值基本关系检验

变量名称	（1） All $\Delta TobinQ$	（2） All ΔRoa	（3） Technique $\Delta TobinQ$	（4） Market $\Delta TobinQ$	（5） Technique ΔRoa	（6） Market ΔRoa
$Treat×Post$	0.332**	0.000	0.058	0.360**	0.001	0.001
	(0.030)	(0.948)	(0.752)	(0.046)	(0.899)	(0.925)
$Size$	−0.308***	−0.004	−0.227*	−0.317**	−0.003	−0.001
	(0.008)	(0.652)	(0.085)	(0.014)	(0.726)	(0.927)
Lev	−0.049	−0.050*	0.087	0.078	−0.053*	−0.056
	(0.925)	(0.097)	(0.876)	(0.893)	(0.083)	(0.101)
$Growth$	−0.305***	0.022***	−0.351***	−0.324***	0.021***	0.021***
	(0.003)	(0.000)	(0.001)	(0.002)	(0.001)	(0.000)
$Cash$	−0.515	0.027	−0.661	−0.262	0.027	0.030
	(0.398)	(0.358)	(0.318)	(0.695)	(0.371)	(0.350)

变量名称	（1） All $\Delta TobinQ$	（2） All ΔRoa	（3） Technique $\Delta TobinQ$	（4） Market $\Delta TobinQ$	（5） Technique ΔRoa	（6） Market ΔRoa
Oversale	−0.039	0.007	0.090	−0.036	0.005	0.006
	（0.787）	（0.478）	（0.561）	（0.830）	（0.507）	（0.580）
Soe	0.027	0.005	0.032	−0.048	0.005	0.006
	（0.890）	（0.696）	（0.878）	（0.813）	（0.677）	（0.651）
Top1	−0.002	−0.000	−0.002	−0.004	−0.000	−0.000
	（0.754）	（0.507）	（0.803）	（0.644）	（0.203）	（0.637）
Mshare	−0.128	−0.003	−0.159	−0.099	−0.006	−0.003
	（0.303）	（0.619）	（0.224）	（0.443）	（0.428）	（0.651）
Board	−0.426	−0.009	−0.280	−0.513	−0.015	−0.008
	（0.152）	（0.609）	（0.380）	（0.111）	（0.398）	（0.671）
Rinde	0.086	−0.011	−0.091	0.198	−0.007	−0.011
	（0.691）	（0.355）	（0.704）	（0.397）	（0.575）	（0.424）
Dual	0.248**	0.008	0.269**	0.201*	0.008	0.008
	（0.011）	（0.229）	（0.012）	（0.059）	（0.209）	（0.241）
Constant	8.252***	0.150	6.411**	8.539***	0.143	0.077
	（0.001）	（0.463）	（0.014）	（0.001）	（0.398）	（0.730）
Year×Province	Yes	Yes	Yes	Yes	Yes	Yes
Firm	Yes	Yes	Yes	Yes	Yes	Yes
Adj−R^2	0.241	0.033	0.251	0.245	0.048	0.032
N	1 250	1 250	1 128	1 135	1 128	1 135

注：***、** 和 * 分别表示在1%、5%、10%水平上显著；括号内为 P 值。

第一，我国相当一部分环保企业进行海外并购的目标主要在于获取先进的技术，而不是对海外市场的追逐，而技术、研发等战略资源的商业化和产业化往往需要漫长的时间，短期内很难转化为市场势力，且会挤占企业大量的资源用于技术资源的吸收、消化和再创新，从而导致对盈利能力的影响不明显（蒋冠宏，2017；郭文博，2019）。

第二，绝大部分环保企业海外并购采用现金支付，这极大地增加了企业的资金压力，而且由于海外环保企业通常具有较高的资产负债率，并购后环保企业的整体负债水平会急剧提升，从而限制其在资本市场的融资，使环保企业在后期的资源整合和战略实施中缺乏足够的资本支持（Ding et al.，2021）。

第三，部分环保企业在海外并购时过分看重标的企业的先进技术或国际市场机会，忽视了标的企业本身的资产质量和盈利能力，尽管这些先进技术和市场机会能够增加环保企业的投资机会和市场价值，但是也拖累了集团整体的盈利能力。如巴安水务为了获取纳米平板陶瓷超滤膜技术和快速进入国际水务市场，花费超 4 000 万元人民币并购了德国 ItN 公司，但是该公司是一家连续亏损 7 年、接近破产的公司，这种非理性并购也为后面巴安水务的经营业绩陷入困境埋下了隐患。

第四，正式制度和非正式制度的差异增加了海外并购后的协调成本和运营成本，甚至可能导致较高的官僚成本。这些过高的成本也会影响并购后的资源整合效率和盈利能力（Mantravadi and Reddy，2008）。

表 6-4 第（3）列至第（6）列报告了不同类型海外并购活动的长期价值效应。从第（3）列和第（4）列可以看出，市场导向型海外并购活动有利于提升环保企业的市场价值，技术导向型海外并购活动对环保企业市场价值的影响不明显，这进一步说明技术和研发等战略资

产需要较长的时间才能转化成投资机会和市场势力。从第（5）列和第（6）列可以看出，无论是技术导向型海外并购还是市场导向型海外并购都对环保企业的盈利能力没有产生明显影响，这与上述总体并购活动的结论相一致。

三、稳健性检验

（一）平行趋势检验

处理组和对照组满足平行趋势是使用双重差分模型的重要前提。为检验基准回归模型是否符合平行趋势假设，我们参考 Amore 和 Minichilli（2018）、魏明海和刘秀梅（2021）的研究，通过构建动态双重差分模型（6-7）进行平行趋势检验：

$$Value = \alpha_0 + \alpha_1 Treat \times Before_{t-n} + \alpha_2 Current + \alpha_3 Treat \times After_{t+n} + \\ \alpha_4 X' + \lambda + \mu + \varepsilon \qquad (6\text{-}7)$$

其中：$Before_{t-n}$ 表示环保企业海外并购前第 $t-n$ 年；$Current$ 表示环保企业海外并购当年；$After_{t+n}$ 表示环保企业海外并购后第 $t+n$ 年。

若处理组和对照组满足平行趋势假设，则交乘项 $Treat \times Before_{t-n}$ 的系数应不显著。表6-5报告了模型（6-7）的回归结果。第（1）列是以 $\Delta TobinQ$ 为被解释变量，海外并购对环保企业市场价值影响的动态效应。可以看到，交乘项 $Treat \times Before_{t-3}$、$Treat \times Before_{t-2}$ 和 $Treat \times Before_{t-1}$ 的系数在统计意义上均不显著，而交乘项 $Treat \times Current$、$Treat \times After_{t+2}$ 和 $Treat \times After_{t+3}$ 的系数均在 5% 的水平上显著为正。第（2）列是以 ΔRoa 为被解释变量，海外并购对环保企业盈利能力影响的动态效应。可以看到，各交乘项的系数均不显著。这说明在进行海外并购之前，处理组和对照组的企业价值没有表现出明显的趋势性差异，并且海外并购对环保企业市场价值的提升作用具有持续性，而对盈利能力的影响一直不明显。

表6-5 平行趋势检验

变量名称	（1）$\Delta TobinQ$	（2）ΔRoa
$Treat \times Before_{t-3}$	0.377	0.008
	（0.147）	（0.472）
$Treat \times Before_{t-2}$	0.246	0.015
	（0.428）	（0.171）
$Treat \times Before_{t-1}$	0.341	0.005
	（0.201）	（0.647）
$Treat \times Current$	0.771**	0.009
	（0.016）	（0.490）
$Treat \times Afetr_{t+1}$	0.328	−0.002
	（0.229）	（0.920）
$Treat \times Afetr_{t+2}$	0.628**	0.016
	（0.015）	（0.259）
$Treat \times Afetr_{t+3}$	0.516**	0.007
	（0.027）	（0.640）
$Size$	−0.322***	−0.005
	（0.005）	（0.619）
Lev	−0.002	−0.048
	（0.997）	（0.110）
$Growth$	−0.304***	0.022***
	（0.003）	（0.000）
$Cash$	−0.520	0.027
	（0.396）	（0.355）

变量名称	（1）	（2）
	$\Delta TobinQ$	ΔRoa
Oversale	−0.033	0.007
	（0.822）	（0.478）
Soe	0.006	0.004
	（0.975）	（0.748）
Top1	−0.002	−0.000
	（0.782）	（0.525）
Mshare	−0.137	−0.004
	（0.272）	（0.595）
Board	−0.375	−0.007
	（0.207）	（0.671）
Rinde	0.042	−0.012
	（0.849）	（0.317）
Dual	0.247**	0.008
	（0.011）	（0.240）
Constant	8.456***	0.156
	（0.000）	（0.442）
Year×Province	Yes	Yes
Firm	Yes	Yes
Adj-R^2	0.241	0.030
N	1 250	1 250

注：***、** 和 * 分别表示在1%、5%、10%水平上显著；括号内为 *P* 值。

（二）倾向得分匹配

根据企业异质性理论及已有海外并购的相关研究，进行海外并购的环保企业并非随机的，企业规模、企业年龄、资本密集度、生产率和资产负债率等因素均会影响环保企业的海外并购决策（Davies et al.，2018；蒋冠宏，2021）。为了减轻样本选择偏差带来的内生性问题，我们参考孙江明和居文静（2019）、蒋冠宏（2021）的研究，使用倾向得分匹配来解决。具体来说，首先估计每家环保企业进行海外并购的概率，筛选出那些最有可能进行海外并购的企业，并将其定义为处理组；然后参考冼国明和明秀南（2018）、张文菲等（2020）的研究，选择企业规模（$Size$）、资产负债率（Lev）、资产收益率（Roa）、经营活动现金流（$Cash$）、资本密集度（$Capital$）、企业年龄（Age）、产权性质（Soe）、总资产周转率（Ast）、劳动生产率（Lp）等变量作为匹配标准，为每一个处理组匹配出海外并购概率最接近而又未进行海外并购的环保企业，并将其作为对照组。表6-6报告了平衡性检验结果。可以看到，匹配前处理组与对照组的特征变量均值存在显著差异，匹配后均值差异变得不再显著，表明匹配变量和匹配方法的选取较为合理。表6-7第（1）列和第（2）列报告了PSM+DID回归结果。可以看到，以$\Delta TobinQ$为被解释变量时，交乘项$Treat×Post$的回归系数为0.367，在5%的水平上显著为正；而以ΔRoa为被解释变量时，交乘项$Treat×Post$的回归系数为0.002，在统计意义上不显著。这表明海外并购提升环保企业市场价值而对盈利能力无明显影响的基本结论保持稳健。

表6-6   倾向得分匹配平衡性检验

匹配变量	样本	均值差异		T值（P值）	偏差	
		处理组	控制组		%bias	%reduct
$Size$	匹配前	22.659	22.225	5.33（0.000）	35.4	99.7
	匹配后	22.633	22.635	−0.01（0.989）	−0.1	

匹配变量	样本	均值差异		T值（P值）	偏差	
		处理组	控制组		%bias	%reduct
Lev	匹配前	0.484	0.497	−1.04（0.297）	−7.0	89.6
	匹配后	0.481	0.483	−0.09（0.931）	−0.7	
Roa	匹配前	0.039	0.033	2.00（0.046）	13.2	85.3
	匹配后	0.039	0.040	−0.23（0.820）	−1.9	
Cash	匹配前	0.131	0.145	−1.81（0.070）	−12.7	71.1
	匹配后	0.132	0.136	−0.47（0.640）	−3.7	
Capital	匹配前	0.141	0.194	−5.40（0.000）	−40.5	99.9
	匹配后	0.139	0.139	0.01（0.993）	0.1	
Age	匹配前	2.872	2.895	−1.01（0.311）	−6.8	56.7
	匹配后	2.864	2.854	0.34（0.735）	2.9	
Soe	匹配前	0.205	0.544	−10.59（0.000）	−74.5	92.1
	匹配后	0.211	0.184	0.80（0.425）	5.9	
Ast	匹配前	0.474	0.425	2.36（0.018）	15.1	54.1
	匹配后	0.476	0.454	0.84（0.402）	6.9	
Lp	匹配前	13.839	13.966	−2.36（0.019）	−15.1	95.4
	匹配后	13.868	13.862	0.09（0.932）	0.7	

表6-7　　　　　　　　　　　稳健性检验

变量名称	（1）	（2）	（3）	（4）	（5）	（6）
	$\Delta TobinQ$	ΔRoa	$\Delta TobinQ$	ΔRoa	$TobinQ$	Roa
Treat×Post	0.367**	0.002	0.350**	0.002	0.417**	−0.003
	（0.039）	（0.870）	（0.020）	（0.765）	（0.028）	（0.628）
Size	−0.292***	−0.004	−0.261*	0.001	−1.319***	−0.001
	（0.008）	（0.802）	（0.079）	（0.928）	（0.000）	（0.893）
Lev	−0.400	−0.058	−0.127	−0.058*	0.015	−0.094***
	（0.507）	（0.109）	（0.819）	（0.055）	（0.983）	（0.000）
Growth	−0.145	0.025***	−0.308***	0.022***	0.137	0.016***
	（0.363）	（0.004）	（0.002）	（0.000）	（0.183）	（0.000）
Cash	−0.303	0.019	−0.596	0.018	−1.293**	0.069***
	（0.615）	（0.528）	（0.348）	（0.550）	（0.027）	（0.001）
Oversale	−0.272*	0.004	−0.022	0.008	−0.146	0.001
	（0.052）	（0.684）	（0.870）	（0.338）	（0.488）	（0.894）
Soe	−0.283	−0.001	−0.071	−0.005	−0.109	−0.010
	（0.215）	（0.957）	（0.807）	（0.746）	（0.702）	（0.255）
Top1	−0.014*	0.000	−0.003	−0.000	−0.012	−0.000
	（0.084）	（0.914）	（0.733）	（0.466）	（0.286）	（0.843）
Mshare	−0.154	0.004	−0.126	−0.003	−0.344**	0.002
	（0.331）	（0.695）	（0.309）	（0.638）	（0.020）	（0.682）
Board	−0.736	−0.012	−0.424	−0.009	−0.575	−0.020*
	（0.117）	（0.664）	（0.154）	（0.615）	（0.136）	（0.069）

变量名称	（1）$\Delta TobinQ$	（2）ΔRoa	（3）$\Delta TobinQ$	（4）ΔRoa	（5）$TobinQ$	（6）Roa
Rinde	0.254	−0.022	0.082	−0.011	0.046	−0.003
	(0.462)	(0.227)	(0.705)	(0.335)	(0.872)	(0.716)
Dual	0.540***	−0.006	0.242**	0.007	0.294**	0.008*
	(0.003)	(0.553)	(0.013)	(0.266)	(0.042)	(0.093)
IMR			0.190	0.021		
			(0.482)	(0.269)		
Constant	8.825***	0.141	7.304**	0.047	33.173***	0.140
	(0.000)	(0.665)	(0.013)	(0.813)	(0.000)	(0.191)
Year×Province	Yes	Yes	Yes	Yes	Yes	Yes
Firm	Yes	Yes	Yes	Yes	Yes	Yes
Adj−R^2	0.254	0.019	0.241	0.036	0.638	0.521
N	716	716	1 250	1 250	1 250	1 250

注：***、** 和 * 分别表示在1%、5%、10%水平上显著；括号内为 *P* 值。

（三）Heckman 两阶段模型

为进一步缓解样本自选择带来的内生性问题，我们参考刘青等（2017）、徐慧琳等（2019）的研究，使用 Heckman 两阶段模型进行检验。具体来说，首先，在第一阶段建立了一个环保企业是否进行海外并购的 Probit 模型，以环保企业是否进行海外并购的虚拟变量作为因变量，自变量包括企业规模（*Size*）、资产负债率（*Lev*）、资产收益率（*Roa*）、经营活动现金流（*Cash*）、资本密集度（*Capital*）、企业年龄（*Age*）、产权性质（*Soe*）、总资产周转率（*Ast*）、劳动生产率（*Lp*）

等。其次，将第一阶段计算出的逆米尔斯比例作为控制变量加入模型 (6-6) 中进行第二阶段回归。表 6-7 第（3）列和第（4）列报告了第二阶段回归结果。可以看到，在控制逆米尔斯比例后，以 $\Delta TobinQ$ 为被解释变量时，交乘项 $Treat \times Post$ 的回归系数为 0.350，在 5% 的水平上显著为正；而以 ΔRoa 为被解释变量时，交乘项 $Treat \times Post$ 的回归系数为 0.002，在统计意义上不显著。前述结论保持不变。

（四）替换变量

在基准回归模型中，我们分别采用 $\Delta TobinQ$ 和 ΔRoa 度量环保企业的市场价值和盈利能力。如前所述，这里我们采用原值，即 $TobinQ$ 和 Roa 来度量环保企业的市场价值和盈利能力。表 6-7 第（5）列和第（6）列报告了回归结果。可以看到，以 $TobinQ$ 为被解释变量时，交乘项 $Treat \times Post$ 的回归系数为 0.417，在 5% 的水平上显著为正；而以 Roa 为被解释变量时，交乘项 $Treat \times Post$ 的回归系数为 -0.003，在统计意义上不显著。基本结论保持稳健。

（五）变化估计窗口

在前面 CAR 的计算中，使用了环保企业海外并购宣告日前 150 个交易日至并购宣告日前 30 个交易日，即 ［-150，-30］作为估计窗口。这里我们参考蒋冠宏（2020）的研究，使用环保企业海外并购宣告日前 250 个交易日至并购宣告日前 50 个交易日，即 ［-250，-50］作为估计窗口，并根据前述方法对环保企业的股票收益率重新进行估计。表 6-8 报告了不同事件窗口下环保企业海外并购的平均超额收益率及显著性检验结果。可以看到，无论是总体海外并购活动还是技术导向型海外并购活动或者市场导向型海外并购活动，$CAAR$ 虽然整体上不显著，但是基本呈现下降趋势，且负值多于正值。这与前述结论大致相同，即环保企业的海外并购没有为股东创造财富，并不具有短期价值创造效应。

表6-8　　　　　　环保企业海外并购的短期价值效应检验（二）

海外并购类型	事件窗口	CAAR	S.E	T-value	P-value
总体 海外并购	[-1, 1]	-0.0004	0.009	-0.045	0.964
	[-2, 2]	0.006	0.013	0.436	0.665
	[-5, 5]	0.006	0.018	0.357	0.722
	[-10, 10]	-0.020	0.020	-0.998	0.323
	[-15, 15]	-0.047	0.023	-2.079**	0.043
技术导向型 海外并购	[-1, 1]	-0.010	0.010	-1.017	0.317
	[-2, 2]	-0.003	0.015	-0.210	0.835
	[-5, 5]	-0.016	0.020	-0.810	0.424
	[-10, 10]	-0.035	0.025	-1.364	0.183
	[-15, 15]	-0.071	0.030	-2.401**	0.023
市场导向型 海外并购	[-1, 1]	-0.005	0.011	-0.459	0.649
	[-2, 2]	0.002	0.017	0.123	0.903
	[-5, 5]	-0.004	0.022	-0.179	0.859
	[-10, 10]	-0.026	0.027	-0.947	0.351
	[-15, 15]	-0.058	0.030	-1.939*	0.061

第五节　进一步分析

一、异质性分析

上述研究表明，从长期来看，海外并购能够提升环保企业的市场价值，但是根据企业异质性理论，这一关系在不同性质的企业中应存在差异。据此，我们拟从产权性质、融资约束和市场化进程三个视角考查海外并购影响环保企业市场价值的异质性效应。

（一）产权性质

就理论而言，产权性质对海外并购与环保企业市场价值关系的影响方向是不明确的。一方面，国有企业与政府特殊的纽带关系可以帮助国有企业获得更多的资源支持，如更多的财政补贴、更低的税收成本和更优惠的贷款利率等，从而降低环保企业海外并购的风险和成本。同时，在发生国际纠纷和摩擦时，国有企业凭借与政府的良好关系，可以迅速通过母国政府与东道国政府展开谈判，从而快速解决矛盾（吴小节、马美婷，2022），最终强化海外并购对环保企业市场价值的提升作用。另一方面，与政府特殊的纽带关系也可能损害国有企业的并购绩效，进而削弱海外并购的价值提升作用。这主要是因为国有企业的代理问题相对更加严重，而且由于受到政府干预的影响，国有企业的投资决策并不完全是出于利益最大化，还承担一定的战略目标任务和社会性负担，这无疑会耗散国有企业的资源和精力，损害国有企业的价值。此外，国有企业的身份更容易引发东道国政府和公众的负面反应（吴先明、张玉梅，2019），并在后续运营中受到东道国监管机构更严格的审查和监督，甚至在行业准入和市场准入等领域还会受到硬性管制或歧视性对待，从而增加国有企业海外并购的交易成本，削弱海外并购的价值创造效应。

为检验产权性质的影响，我们根据环保企业的产权性质将其划分为国有企业和非国有企业进行分组检验。表6-9第（1）列和第（2）列报告了回归结果。可以看到，在国有企业组（*Soe*=1），交乘项 *Treat×Post* 的回归系数为0.169，在统计意义上不显著；在非国有企业组（*Soe*=0），交乘项 *Treat×Post* 的回归系数为0.472，在10%的水平上显著为正。这表明国有环保企业在实施海外并购过程中虽然能够获得更多的政府资源支持，但是由于缺乏效率和敏感的政治身份，其并购后的长期市场价值提升不如非国有环保企业明显。

表6-9 异质性分析

变量名称	（1）Soe=1 $\Delta TobinQ$	（2）Soe=0 $\Delta TobinQ$	（3）KZ-H $\Delta TobinQ$	（4）KZ-L $\Delta TobinQ$	（5）Market-H $\Delta TobinQ$	（6）Market-L $\Delta TobinQ$
Treat×Post	0.169	0.472*	0.255	0.573*	0.477***	-0.083
	(0.668)	(0.075)	(0.247)	(0.057)	(0.010)	(0.845)
Size	0.038	-0.338**	-0.396***	-0.487**	-0.501***	-0.114
	(0.904)	(0.018)	(0.008)	(0.047)	(0.000)	(0.646)
Lev	-0.458	0.417	-0.297	0.077	0.564	-0.103
	(0.608)	(0.605)	(0.620)	(0.936)	(0.420)	(0.891)
Growth	-0.602***	-0.228	-0.371**	0.004	-0.024	-0.659***
	(0.000)	(0.166)	(0.016)	(0.984)	(0.855)	(0.000)
Cash	-0.595	-0.493	-0.052	-1.779*	-1.517*	0.562
	(0.714)	(0.509)	(0.962)	(0.062)	(0.057)	(0.538)
Oversale	0.196	-0.142	-0.016	-0.025	-0.231*	0.474
	(0.298)	(0.504)	(0.919)	(0.938)	(0.085)	(0.215)
Soe			-0.079	0.850	-0.012	-0.215
			(0.693)	(0.197)	(0.948)	(0.543)
Top1	0.007	-0.013	-0.009	0.001	-0.000	-0.003
	(0.654)	(0.246)	(0.167)	(0.972)	(0.994)	(0.734)
Mshare	-0.176	-0.132	-0.141	0.039	-0.134	0.059
	(0.340)	(0.654)	(0.454)	(0.866)	(0.364)	(0.846)
Board	-0.179	-0.552	-0.482	-1.192*	-0.464	-0.355
	(0.665)	(0.421)	(0.223)	(0.065)	(0.224)	(0.492)

变量名称	（1） Soe=1 $\Delta TobinQ$	（2） Soe=0 $\Delta TobinQ$	（3） KZ–H $\Delta TobinQ$	（4） KZ–L $\Delta TobinQ$	（5） Market–H $\Delta TobinQ$	（6） Market–L $\Delta TobinQ$
Rinde	−0.090	0.091	0.006	0.253	0.098	0.031
	(0.722)	(0.845)	(0.984)	(0.553)	(0.726)	(0.928)
Dual	0.162	0.523***	0.225	−0.002	0.338***	0.108
	(0.287)	(0.006)	(0.111)	(0.993)	(0.008)	(0.600)
Constant	0.369	9.276***	10.799***	14.163***	11.940***	4.190
	(0.952)	(0.001)	(0.001)	(0.005)	(0.000)	(0.411)
Year×Province	Yes	Yes	Yes	Yes	Yes	Yes
Firm	Yes	Yes	Yes	Yes	Yes	Yes
Adj–R^2	0.182	0.267	0.292	0.237	0.213	0.254
N	581	669	646	604	699	551
P值	0.09*		0.02**		0.02**	

注：***、** 和 * 分别表示在1%、5%、10%水平上显著；括号内为 P 值。

（二）融资约束

不少研究者指出，影响中国企业海外并购绩效的一个重要因素在于资本不足导致的流动性约束（Ding et al.，2021；郭文博，2019）。一方面，中国企业在对发达国家标的企业展开并购时，往往会产生民族自豪感，这导致中国企业在海外并购过程中通常会发生高并购溢价和现金支付等非理性并购行为（蒋冠宏，2020），从而加剧了企业的现金流压力；另一方面，受企业能力、外部融资渠道和信息不对称的限制，企业在海外并购交易后难以获得足够的资金来满足长期的整合需求（Ding et al.，2021），尤其是环保企业海外并购后还会面临较高的资产负债率，进一步加剧了企业的财务压力。这不仅限制了并购资源的投入，影响了并购后的技术吸收、消化和整合效率，还迫使管理层将有限的资本投资于短平快项目以期快速实现并购资源"变现"的期望（郭文博，2019），从而削弱了海外并购的价值创造效应。由此，我们预期当环保企业的融资约束程度较低时，海外并购对环保企业长期市场价值的提升作用会更加明显。

具体来说，参考 Kaplan 和 Zingales（1997）、陈良银等（2021）的研究，使用 KZ 指数来度量企业的融资约束程度。KZ 指数越大，表明企业的融资约束程度越高。我们根据样本均值将样本划分为融资约束程度较高组和融资约束程度较低组进行分组检验。表6-9第（3）列和第（4）列报告了回归结果。可以看到，在融资约束程度较高组（$KZ\text{-}H$），交乘项 $Treat \times Post$ 的回归系数为 0.255，在统计意义上不显著；而在融资约束程度较低组（$KZ\text{-}L$），交乘项 $Treat \times Post$ 的回归系数为 0.573，在 10% 的水平上显著为正。这表明融资约束程度会显著影响环保企业海外并购后的价值创造水平，融资约束程度较低的企业海外并购后的市场价值提升更加明显，与预期相符。

（三）市场化进程

不同环保企业所处地区的市场化进程存在较大区别，这导致海外并购对环保企业市场价值的提升作用也存在较大差异。这主要是基于以下几点原因：首先，在市场化水平较高的地区，投资者保护程度、公司治理水平和产品市场竞争程度相对更完善（姚立杰等，2020），能够有效减少管理层追逐短期利益而忽视企业长期价值的短视行为，从而有利于并购资源的长期战略安排。其次，在市场化程度较高的地区，政府的管理质量较高，对企业的干预程度相对较低，能更好地发挥海外并购带来的协同效应，从而提升环保企业的市场价值。最后，在市场化水平较高的地区，金融发展程度也更高，金融资源更加丰富，这有利于缓解海外并购引发的资金不足和融资约束困境，促使环保企业更有效地对并购资源进行吸收和整合。由此，我们预期海外并购对环保企业市场价值的提升作用对处于市场化水平较高地区的环保企业更加显著。

具体来说，我们参考张文菲等（2020）的研究，使用樊纲市场化指数来度量地方的市场化水平，并根据样本均值对模型（6-6）进行分组检验。表6-9第（5）列和第（6）列报告了分组检验结果。可以看到，在市场化水平较高组（*Market-H*），交乘项 *Treat×Post* 的回归系数为 0.477，在 1% 的水平上显著为正；而在市场化水平较低组（*Market-L*），交乘项 *Treat×Post* 的回归系数为 −0.083，在统计意义上不显著。这证实了上述预期，即相较处于市场化水平较低地区的环保企业，海外并购对长期市场价值的提升作用在处于市场化水平较高地区的环保企业更加显著。

二、机制检验

根据理论分析内容，海外并购可能通过如下四条渠道提升环保企业的长期市场价值：第一，海外并购能产生规模经济和范围经济等协同效应，从而增强环保企业的市场竞争优势，提升企业价值。第二，海外并购能促成环保企业与标的企业的投资协同，从而改善资本配置效率，提升企业价值。第三，海外并购能改善环保企业的公司治理水平，减少内部人代理问题，从而提升企业价值。第四，海外并购能获取目标企业的市场营销资源，如新的市场进入渠道、客户资源、营销网络和营销品牌等，从而增强环保企业的市场竞争力，提升企业价值。为了具体验证这些作用渠道，我们参考温忠麟等（2005）提出的中介效应检验程序建立如下回归模型：

$$\Delta TobinQ = \alpha_0 + \alpha_1 Treat \times Post + \alpha_2 X' + Year \times Province + \mu + \varepsilon \qquad (6\text{-}8)$$

$$Moderate = \alpha_0 + \beta_1 Treat \times Post + \beta_2 X' + Year \times Province + \mu + \varepsilon \qquad (6\text{-}9)$$

$$\Delta TobinQ = \alpha_0 + \lambda_1 Treat \times Post + \lambda_2 Moderate + \lambda_3 X' + Year \times Province + \mu + \varepsilon$$
$$\qquad (6\text{-}10)$$

在上述模型中，$Moderata$ 为中介变量。（1）规模经济和范围经济。参考李雷等（2022）的研究，分别使用企业规模（$Size$）和收入的赫芬达尔指数（$SaleHhi$）作为规模经济和范围经济的中介变量。（2）资本配置效率。参考现有文献的普遍做法（于亚卓等，2021），使用投资效率（$Ainvst$）作为资本配置效率的中介变量。（3）公司治理水平。参考赵海龙等（2016）的研究，使用董事长与总经理是否两职合一（$Dual$）来度量企业的公司治理水平。（4）市场营销资源。参考蒋冠宏（2021）和 Li 等（2022）的研究，使用海外营业收入占营业收入之比（$OverseaSale$）作为海外市场营销资源的中介变量。其他变量定义与模型（6-7）相同。

根据温忠麟等（2005）中介效应检验程序，第一步需估计模型（6-8）中回归系数 α_1 的显著性，若 α_1 显著，中介效应检验程序继续，否则终止。第二步，估计模型（6-9）和模型（6-10）中回归系数 β_1 和 λ_2 的显著性，若两者都显著，中介效应成立；在此基础上，若 λ_1 显著（不显著），则说明中介变量（$Moderata$）发挥了部分（完全）中介作用。若回归系数 β_1 和 λ_2 至少有一个不显著，则需要通过 Sobel 检验来判断中介效应 $\beta_1 \times \lambda_2$ 的显著性。

"海外并购–规模经济–市场价值"的渠道检验结果见表6-10第（1）列至第（3）列。结果显示，在第（1）列回归系数 α_1 显著的情况下，第（2）列回归系数 β_1 为 0.162，在 5% 的水平上显著为正；第（3）列在控制中介变量 $Size$ 后，λ_1 的回归系数为 0.332，在 5% 的水平上显著为正，且中介变量的回归系数 λ_2 在 1% 的水平上显著。这表明规模经济在海外并购提升环保企业长期市场价值的影响中存在部分中

介效应，即"海外并购-规模经济-市场价值"的渠道检验通过。第
（4）列至第（6）列报告了"海外并购-范围经济-市场价值"的渠道
检验结果。结果显示，在第（4）列回归系数 α_1 显著的情况下，第
（5）列回归系数 β_1 为-0.046，在10%的水平上显著为负；第（6）列
在控制中介变量 SaleHhi 后，λ_1 的回归系数为0.331，在5%的水平上
显著为正。由于回归系数 β_1 不显著，因此进一步进行Sobel检验以判
断中介效应是否显著存在。结果表明，Sobel检验中的 Z 值绝对值为
0.895，小于临界值0.97，表明范围经济并没有在海外并购提升环保
企业市场价值的影响中发挥中介效应，即"海外并购-范围经济-市
场价值"的渠道检验没有通过。

表6-10 **"海外并购-规模经济、范围经济-市场价值"渠道检验**

变量名称	（1） $\Delta TobinQ$	（2） $Size$	（3） $\Delta TobinQ$	（4） $\Delta TobinQ$	（5） $OverseaSale$	（6） $\Delta TobinQ$
$Treat \times Post$	0.282*	0.162**	0.332**	0.332**	−0.046*	0.331**
	(0.063)	(0.025)	(0.030)	(0.030)	(0.093)	(0.030)
$Size$			−0.308***	−0.308***	−0.005	−0.308***
			(0.008)	(0.008)	(0.807)	(0.008)
Lev	−0.453	1.312***	−0.049	−0.049	0.058	−0.047
	(0.367)	(0.000)	(0.925)	(0.925)	(0.493)	(0.927)
$Growth$	−0.325***	0.065*	−0.305***	−0.305***	−0.023*	−0.306***
	(0.001)	(0.065)	(0.003)	(0.003)	(0.058)	(0.003)
$Cash$	−0.445	−0.228	−0.515	−0.515	0.137	−0.512
	(0.462)	(0.320)	(0.398)	(0.398)	(0.141)	(0.403)
$Oversale$	−0.104	0.210*	−0.039	−0.039	−0.081**	−0.041
	(0.511)	(0.068)	(0.787)	(0.787)	(0.012)	(0.778)

变量名称	（1）	（2）	（3）	（4）	（5）	（6）
	$\Delta TobinQ$	$Size$	$\Delta TobinQ$	$\Delta TobinQ$	$OverseaSale$	$\Delta TobinQ$
Soe	−0.043	0.228***	0.027	0.027	−0.018	0.027
	（0.827）	（0.007）	（0.890）	（0.890）	（0.623）	（0.891）
Top1	−0.004	0.006	−0.002	−0.002	0.003**	−0.002
	（0.593）	（0.237）	（0.754）	（0.754）	（0.047）	（0.764）
Mshare	−0.159	0.102	−0.128	−0.128	0.000	−0.128
	（0.206）	（0.144）	（0.303）	（0.303）	（0.991）	（0.304）
Board	−0.446	0.067	−0.426	−0.426	−0.168***	−0.429
	（0.135）	（0.660）	（0.152）	（0.152）	（0.006）	（0.145）
Rinde	0.098	−0.038	0.086	0.086	0.170***	0.090
	（0.656）	（0.686）	（0.691）	（0.691）	（0.000）	（0.677）
Dual	0.272***	−0.081	0.248**	0.248**	−0.030	0.247**
	（0.007）	（0.219）	（0.011）	（0.011）	（0.159）	（0.012）
SaleHhi						−0.022
						（0.906）
Constant	1.981***	20.337***	8.252***	8.252***	0.888**	8.272***
	（0.005）	（0.000）	（0.001）	（0.001）	（0.028）	（0.001）
Year×Province	Yes	Yes	Yes	Yes	Yes	Yes
Firm	Yes	Yes	Yes	Yes	Yes	Yes
Adj−R^2	0.226	0.908	0.241	0.241	0.660	0.240
N	1 250	1 250	1 250	1 250	1 250	1 250

注：***、** 和 * 分别表示在1%、5%、10%水平上显著；括号内为 P 值。

"海外并购–资本配置效率–市场价值"的渠道检验结果见表6–11。

结果显示，在第（1）列回归系数 α_1 显著的情况下，第（2）列回归系数 β_1 为 -0.012，在1%的水平上显著为正；第（3）列在控制中介变量 $Ainvst$ 后，λ_1 的回归系数为 0.305，在5%的水平上显著为正，且中介变量的回归系数 λ_2 在10%的水平上显著。这表明资本配置效率在海外并购提升环保企业长期市场价值的影响中存在部分中介效应，即"海外并购–资本配置效率–市场价值"的渠道检验通过。

表6-11　　"海外并购–资本配置效率–市场价值"渠道检验

变量名称	（1）	（2）	（3）
	$\Delta TobinQ$	$Ainvst$	$\Delta TobinQ$
$Treat \times Post$	0.332^{**}	-0.012^{***}	0.305^{**}
	(0.030)	(0.001)	(0.026)
$Size$	-0.308^{***}	0.001	-0.307^{***}
	(0.008)	(0.751)	(0.000)
Lev	-0.049	-0.000	-0.049
	(0.925)	(0.996)	(0.889)
$Growth$	-0.305^{***}	-0.001	-0.307^{***}
	(0.003)	(0.718)	(0.000)
$Cash$	-0.515	0.010	-0.492
	(0.398)	(0.368)	(0.189)
$Oversale$	-0.039	-0.010^{**}	-0.061
	(0.787)	(0.024)	(0.630)
Soe	0.027	-0.014^{***}	-0.006
	(0.890)	(0.002)	(0.973)
$Top1$	-0.002	-0.000	-0.002
	(0.754)	(0.522)	(0.646)
$Mshare$	-0.128	-0.005	-0.138
	(0.303)	(0.195)	(0.187)

变量名称	（1）	（2）	（3）
	$\Delta TobinQ$	$Ainvst$	$\Delta TobinQ$
Board	−0.426	0.013*	−0.396
	(0.152)	(0.067)	(0.128)
Rinde	0.086	−0.008	0.068
	(0.691)	(0.138)	(0.723)
Dual	0.248**	0.003	0.255**
	(0.011)	(0.300)	(0.011)
Ainvst			−2.280*
			(0.079)
Constant	8.252***	0.010	8.275***
	(0.001)	(0.838)	(0.000)
Year×Province	Yes	Yes	Yes
Firm	Yes	Yes	Yes
Adj-R^2	0.241	0.272	0.243
N	1 250	1 250	1 250

注：***、** 和 * 分别表示在1%、5%、10%水平上显著；括号内为 P 值。

"海外并购–公司治理水平–市场价值"的渠道检验结果见表6–12。结果显示，在第（1）列回归系数 α_1 显著的情况下，第（2）列回归系数 β_1 为-0.095，在10%的水平上显著为正；第（3）列在控制中介变量 Dual 后，λ_1 的回归系数为0.332，在5%的水平上显著为正，且中介变量的回归系数 λ_2 在5%的水平上显著。这表明公司治理水平在海外并购提升环保企业长期市场价值的影响中存在部分中介效应，即"海外并购–公司治理水平–市场价值"的渠道检验通过。

表6-12   "海外并购–公司治理水平–市场价值"渠道检验

变量名称	（1）	（2）	（3）
	$\Delta TobinQ$	$Dual$	$\Delta TobinQ$
Treat×Post	0.308**	−0.095*	0.332**
	（0.044）	（0.062）	（0.030）
Size	−0.319***	−0.045	−0.308***
	（0.007）	（0.199）	（0.008）
Lev	−0.094	−0.184	−0.049
	（0.857）	（0.187）	（0.925）
Growth	−0.308***	−0.009	−0.305***
	（0.002）	（0.672）	（0.003）
Cash	−0.512	0.014	−0.515
	（0.406）	（0.924）	（0.398）
Oversale	−0.030	0.037	−0.039
	（0.837）	（0.450）	（0.787）
Soe	−0.002	−0.118**	0.027
	（0.992）	（0.042）	（0.890）
Top1	−0.002	0.003	−0.002
	（0.823）	（0.228）	（0.754）
Mshare	−0.113	0.061	−0.128
	（0.364）	（0.183）	（0.303）
Board	−0.416	0.040	−0.426
	（0.164）	（0.662）	（0.152）

变量名称	（1）	（2）	（3）
	$\Delta TobinQ$	$Dual$	$\Delta TobinQ$
$Rinde$	0.095	0.035	0.086
	(0.665)	(0.609)	(0.691)
$Dual$			0.248**
			(0.011)
$Constant$	8.497***	0.990	8.252***
	(0.001)	(0.196)	(0.001)
$Year\times Province$	Yes	Yes	Yes
$Firm$	Yes	Yes	Yes
$Adj-R^2$	0.236	0.502	0.241
N	1 250	1 250	1 250

注：***、** 和 * 分别表示在1%、5%、10%水平上显著；括号内为 P 值。

"海外并购－市场营销资源－市场价值"的渠道检验结果见表6–13。结果显示，在第（1）列回归系数 α_1 显著的情况下，第（2）列回归系数 β_1 为0.040，在1%的水平上显著为正；第（3）列在控制中介变量 $OverseaSale$ 后，λ_1 的回归系数为0.306，在5%的水平上显著为正。由于回归系数 β_1 不显著，因此进一步进行Sobel检验以判断中介效应是否显著存在。结果表明，Sobel检验中的 Z 值绝对值为1.522，大于临界值0.97，表明市场营销资源在海外并购提升环保企业市场价值的影响中发挥了部分中介效应，即"海外并购－市场营销资源－市场价值"的渠道检验通过。

表6-13   "海外并购–市场营销资源–市场价值"渠道检验

变量名称	（1）	（2）	（3）
	$\Delta TobinQ$	$OverseaSale$	$\Delta TobinQ$
$Treat \times Post$	0.332**	0.040***	0.306**
	（0.030）	（0.003）	（0.044）
$Size$	−0.308***	−0.005	−0.305***
	（0.008）	（0.557）	（0.009）
Lev	−0.049	−0.105***	0.019
	（0.925）	（0.002）	（0.971）
$Growth$	−0.305***	−0.013*	−0.297***
	（0.003）	（0.056）	（0.003）
$Cash$	−0.515	−0.075**	−0.467
	（0.398）	（0.037）	（0.440）
$Oversale$	−0.039	0.134***	−0.125
	（0.787）	（0.000）	（0.333）
Soe	0.027	0.035**	0.005
	（0.890）	（0.037）	（0.981）
$Top1$	−0.002	0.000	−0.002
	（0.754）	（0.977）	（0.754）
$Mshare$	−0.128	0.017*	−0.139
	（0.303）	（0.052）	（0.263）
$Board$	−0.426	−0.008	−0.420
	（0.152）	（0.703）	（0.155）
$Rinde$	0.086	0.009	0.081
	（0.691）	（0.581）	（0.711）

变量名称	(1)	(2)	(3)
	$\Delta TobinQ$	$OverseaSale$	$\Delta TobinQ$
Dual	0.248**	−0.008	0.253***
	(0.011)	(0.290)	(0.010)
OverseaSale			0.642
			(0.216)
Constant	8.252***	0.142	8.161***
	(0.001)	(0.408)	(0.001)
Year×Province	Yes	Yes	Yes
Firm	Yes	Yes	Yes
Adj−R^2	0.241	0.710	0.242
N	1 250	1 250	1 250

注：***、** 和 * 分别表示在1%、5%、10%水平上显著；括号内为 *P* 值。

第六节　本章小结

本章利用2010—2021年A股上市环保企业的数据考查了海外并购对环保企业价值创造效应的影响。研究发现：（1）整体上海外并购没有为股东创造财富，不具有短期价值创造效应，在细分海外投资类型后该结论继续成立。（2）从长期来看，海外并购显著提升了环保企业的市场价值，对盈利能力的影响相对不明显，这一结论在经过平行趋势检验、倾向得分匹配、Heckman两阶段模型和替换变量等稳健性检验后保持不变。（3）区分海外投资类型后发现，市场导向型海外并购对环保企业市场价值的提升作用显著为正，对盈利能力没有明显影响；技术导向型海外并购对环保企业市场价值和盈利能力的影响均不显著。（4）异质性分析显示，海外并购对环保企业长期市场价值的提升作用在非国有企业、融资约束程度较低的企业和处于市场化水平较高地区的企业更加明显。（5）中介效应检验显示，海外并购主要通过规模经济效应、投资协同效应、治理协同效应和市场营销资源协同效应提升环保企业的长期市场价值，范围经济效应的作用相对不明显。

第七章

研究总结与政策建议

第一节　研究总结

一、研究结论

环保企业作为生态文明建设和污染防治攻坚战的中坚力量，是加快构建"双循环"新发展格局、发挥生态环境保护对高质量发展支撑保障作用的重要着力点，也是推进绿色发展的重要抓手和实现"双碳"目标的重要支撑。针对当前我国环保市场前景广阔而环保企业自身发展水平相对较低的现实背景，大量环保企业积极响应国家"走出去"战略，大举进军国际环保市场并掀起海外并购浪潮，希望借此实现技术升级，实施国际化战略。然而，环保企业的海外并购效果并不尽如人意，部分环保企业的海外并购活动一度引发了资本市场和投资者的广泛质疑。我国环保企业海外并购的经济后果如何？是否达到了预期的并购目标并最终实现了价值提升？这些问题值得深入研究。遗憾的是，目前鲜有文献针对上述问题展开分析与回应。基于此，我们根据环保企业海外并购的目标，将海外并购区分为技术导向型海外并购和市场导向型海外并购，利用双重差分模型和事件研究法等实证检验了技术导向型海外并购对环保企业创新水平的影响、市场导向型海外并购对环保企业投资效率的影响，以及海外并购对环保企业价值创造效应的影响。本书的主要研究结论如下：

（1）技术导向型海外并购显著提升了环保企业的创新水平，区分专利类型发现，技术导向型海外并购的创新效应主要体现为提升环保企业的创新产出规模，对创新质量的影响较弱。主要结论在经过平行趋势检验、安慰剂检验、倾向得分匹配、Heckman两阶段模型、改变回归模型和替换变量等稳健性检验后保持不变。调节效应检验显示，技术导向型海外并购的创新水平提升效应与高管海外经历、企业吸收能力和政府支持力度显著正相关。异质性分析显示,技术导向型海外并购的创新水平提升效应在非国有企业、融资约束程度较低的企业和处于产权保护水平较高地区的企业更为显著。中介效应检验表明,技术导向型海外并购主要通过提高环保企业的研发效率而提升其创新水平。

(2)市场导向型海外并购显著提升了环保企业的投资效率。这一结论在经过平行趋势检验、安慰剂检验、倾向得分匹配、Heckman两阶段模型和替换变量等稳健性检验后保持不变。区分非效率投资类型后发现,市场导向型海外并购主要通过抑制过度投资而提升投资效率,对投资不足的改善不明显。调节效应检验显示,市场导向型海外并购对投资效率的提升效应与内部治理水平、外部监督强度和地区制度环境显著正相关。基于企业特征和高管特征的异质性分析表明,市场导向型海外并购的投资效率提升效应在非国有企业、政府补助较多的企业、高管过度自信的企业和高管具有海外经历的企业更为显著。中介效应检验发现,市场导向型海外并购主要通过两种途径提升环保企业的投资效率:一是通过减少企业的代理问题,提升公司治理水平而改善投资效率;二是通过帮助环保企业更好地识别和把握投资机会,从而提升投资效率。

(3)基于事件研究法发现,海外并购整体上没有为股东创造财富,不具有短期价值创造效应,在细分海外投资类型后该结论保持不变。利用双重差分模型检验海外并购对环保企业长期价值的影响,结果发现,海外并购显著提升了环保企业的市场价值,对盈利能力的影响不显著,这一结论在经过平行趋势检验、倾向得分匹配、Heckman两阶段模型和替换变量等稳健性检验后保持不变。区分海外投资类型后发现,市场导向型海外并购对环保企业市场价值的提升作用显著为正，对盈利能力没有明显影响；技术导向型海外并购对环保企业市场价值和盈利能力的影响均不显著。异质性分析显示，海外并购对环保企业长期市场价值的提升作用在非国有企业、融资约束程度较低的企业和处于市场化水平较高地区的企业更加明显。中介效应检验发现，海外并购主要通过规模经济效应、投资协同效应、治理协同效应和市场营销资源协同效应而提升环保企业的长期市场价值。

二、研究创新

在绿色发展背景下，中国环保企业大举进军海外环保市场，掀起海外并购浪潮，我们通过区分不同目标导向的海外并购类型，从创新水平、投资效率和企业价值三个维度综合考查了环保企业海外并购的真实效果，并对中间的作用机制进行了深入分析和检验。相较现有文献，本书的创新点体现在如下几个方面：

第一，已有的评估企业海外并购效果的研究结论之所以不一致，除了数据和方法上的迥异，以及调节因素的不同外，并购动机和行业相关性的差异也是重要原因（Desyllas and Hughes，2010；吴先明、马子涵，2022）。如一些企业进行海外并购是为了获取先进技术和拓展海外市场，另一些企业进行海外并购是为了扩大企业规模、增强市场势力，还有一些企业进行海外并购则是为了响应国家政策号召和贯彻国家战略（钟宁桦等，2019）。并购动机的复杂性和并购行业的多样性使得人们难以简单地从单一维度来评判海外并购的真实效果，也为回答海外并购的利弊得失增加了难度。现有的研究文献大多忽视了企业海外并购动机的异质性，往往将不同动机的海外并购纳入同一范畴来考查海外并购对某一维度的影响，较少有文献严格区分不同类型的海外并购活动并在此基础上进一步检验相应的并购效果。由于环保企业海外并购的对象也属于环保产业，这在一定程度上可以排除并购行业异质性的干扰。在此基础上，本书根据环保企业海外并购的动机，将其区分为不同目标导向的海外并购活动，并进一步检验了相应的经济后果，这为厘清现有文献的争议和合理评估环保企业海外并购的效果提供了有益尝试。

第二，目前考查海外并购创新效应的研究多集中于发达国家，由于我国企业海外并购起步较晚，相关研究文献较少且结论莫衷一是（朱治理等，2016；张文菲等，2020）。同时，这些文献还存在两方面的缺陷：一是多数研究者忽视了企业海外并购的异质性动机，如将市场导向和自然资源导向等非技术导向型海外并购也纳入了研究范畴，这无疑会使研究结论出现偏误；二是多数研究者集中考查海外并购对企业创新数量的影响，忽视了海外并购对企业创新质量的影响（吴先明、马子涵，2022）。在我国企业普遍存在策略性创新和环保企业原创性技术数量少、"卡脖子"技术问题严重的背景下，有效评估海外并购的创新效应显得尤为关键。本书通过查阅环保企业的海外并购公告，严格区分并检验了技术导向型海外并购对环保企业创新数量和创新质量的影响，并深入考查了这一关系在不同情境下的异质性效应及背后的作用机制。这在理论上丰富了海外并购对企业创新影响方面的研究文献，在实践中为回答以技术获取为目标的海外并购能否切实提升我国环保企业的创新能力提供了启示。

第三，本书考查了市场导向型海外并购对环保企业投资效率的影响，丰富了海外并购经济后果和投资效率影响因素方面的相关文献。已有文献更侧重于探讨海外并购的价值创造效应，鲜有文献关注海外并购，尤其是市场导向型海外并购对企业投资效率的影响。实践证据表明，市场导向型海外并购必然会引发企业后续大规模的业务延伸和投资扩张，但是这些投资活动究竟是对投资机会的有效识别还是过度自信引发的盲目扩张，抑或是代理问题严重的体现？现有理论文献对此并没有作出明确的回答。本书在严格定义市场导向型海外并购的基础上，系统研究了市场导向型海外并购对环保企业投资效率的影响效应、异质性表现及背后的作用机制，不仅丰富了相关领域的理论文献，也为科学评估市场导向型海外并购的效果和有效识别海外并购影响企业价值的具体传导机制提供了启发。

第四，已有文献主要采用事件研究法来考查海外并购对企业股票收益率的影响，即海外并购的短期财富效应。这种方法在中国股票市场发展不成熟的背景下存在较大的局限性，尤其是不能反映体现企业发展机会和盈利能力的中长期价值（Ding et al.，2021；刘柏、梁超，2017；吴先明、张玉梅，2019）。同时，多数研究者对海外并购影响企业价值的作用机制缺乏讨论和检验，并且忽视了不同类型海外并购的差异性影响。本书同时使用事件研究法和双重差分模型考查了海外并购对环保企业短期价值和长期价值的影响，并进一步检验了技术导向型海外并购和市场导向型海外并购的影响差异，最后还对海外并购影响企业价值的作用机制进行了具体检验。这在理论上弥补了已有研究文献的不足，丰富了海外并购影响企业价值的相关文献，在实践中为回应资本市场对环保企业海外并购的质疑以及今后更好地引导环保企业"走出去"提供了经验证据。

三、研究局限与展望

虽然本书严格区分了不同目标导向的海外并购活动，并从多个维度综合检验了环保企业海外并购的经济后果，但是仍存在一定的局限性，这主要体现在三个方面：一是鉴于数据的可获得性和准确性，本书主要利用最具代表性的上市环保企业的数据进行分析和检验。然而，还存在不少非上市环保企业海外并购的情况，忽视非上市环保企业可能导致本书的研究结论与环保企业的实际海外并购效果有一定的偏差。同时，我国环保企业技术水平落后的表现一方面在于原创性技术数量少、"卡脖子"问题严重，另一方面在于专利申请的海外布局严重不足（中国环境保护产业协会，2022）。鉴于海外专利申请数据的可获得性，本书仅使用了发明专利来度量环保企业的创新质量，这对于公允地评价海外并购的创新质量可能不够全面、不够客观。二是受限于篇幅和数据，本书在理论和实证上并没有比较环保企业海外并购与国内并购的效果差异，也没有比较环保企业海外并购与非环保企业跨入环保产业进行海外并购的效果差异，这可能导致本书的政策意义有所降低。三是环保企业作为环境治理中绿色产品和绿色技术的供应者，其技术水平和投资效率的变化可能对地方政府、重污染企业等环境治理方面的行为决策产生一定的影响，然而，本书并没有对此展开深入研究。

上述局限性使得本书后续研究有了进一步深化和拓展的空间，因此，后续我们将从如下方面进行完善：第一，利用相关的数据挖掘技术补充非上市环保企业的数据，并比较非上市环保企业和上市环保企业海外并购效果的差异。同时，利用 Python 和 Stata 等数据挖掘软件和相关爬虫方法获取环保企业海外专利申请与获得情况，并检验技术导向型海外并购是否能够优化我国环保企业的海外专利申请布局，从而更科学地评价海外并购对环保企业创新质量的影响。第二，借鉴已有文献的做法，将环保企业的海外并购与国内并购进行对比分析。例如，视进行海外并购的环保企业为处理组，视进行国内并购的环保企业为对照组，通过构建双重差分模型检验哪种并购更有利于环保企业的技术进步和价值提升。同时，还可以比较环保企业海外并购与非环保企业跨入环保产业进行海外并购的效果差异，以便更好地发挥政策引导作用。第三，进一步考查环保企业海外并购对利益相关者行为决策的影响，尤其是对那些面临较重环保责任的重污染企业投资行为的影响。例如，海外并购提升中国环保企业的技术水平后，是否会激励重污染企业放弃漂绿和停产减产等短期行为，转而采用更多的绿色技术和绿色产品等积极实现绿色转型升级。

第二节　政策建议

一、政府层面

第一，政府在继续鼓励和支持环保企业"走出去"的同时，要采取适当措施加强对外海并购的监管力度，规范和引导环保企业理性并购。在我国环保企业产业集中度低、科技创新水平不高等现实背景下，如何有效做强做优做大环保企业已经成为"双碳"目标下的重要课题。本书的研究结论表明，海外并购对于提升环保企业的创新水平、投资效率和长期市场价值具有重要作用，海外并购能够发挥跳板功能，助推环保企业快速实现产业升级和高质量发展，因此，政府应坚持和完善"走出去"战略，鼓励环保企业利用海外并购实现跨越式发展。但是，鉴于现实中环保企业存在高并购溢价、现金支付和盲目并购等非理性并购，尤其是不少环保企业过分重视环保技术或海外市场而忽视标的企业自身的资产质量和盈利能力，进而损害并购绩效的乱象，政府应加强对海外并购的过程监管，强化环保企业海外并购的风险防控意识，引导环保企业理性并购和高质量并购，在促使环保企业"迈开腿"的同时，也要"走得好走得稳"。

第二，政府应适当减少对国有企业的干预，鼓励国有企业以更加市场化的机制参与海外并购。政府参与虽然能够为国有企业争取更多的政策支持和资源倾斜，在一定程度上降低海外并购的风险和不确定性，但是也会损害国有企业的海外并购效率，并引发东道国政府和公众更加严格的审查与监督，从而严重损害国有企业海外并购的绩效。本书的研究结论亦表明，相较非国有环保企业，海外并购对国有环保企业的创新水平、投资效率和市场价值的提升作用均显著较弱。因此，政府应适当减少对国有企业的干预，比如降低国有企业的社会性负担和政策性负担，减少国有企业海外并购中承担的战略性目标，促使国有企业秉持企业价值最大化理念参与对外投资。

第三，政府应加快推进各地区的市场化进程，从财政、税收和金融等多个领域加强对环保企业海外并购的支持力度。海外并购需要耗费巨额资金，会加剧环保企业的资金流动性压力，并影响企业后续的资源整合和战略安排。本书的研究结论显示，政府支持力度和地区市场化进程有利于强化海外并购对环保企业创新水平、投资效率和市场价值的积极作用。因此，政府一方面可以推进各地区的市场化进程，改善环保企业的营商环境、金融环境和外部监督环境；另一方面可以健全财税政策对环保企业的支持机制，并引导市场信贷资源流向环保企业，从而缓解环保企业的融资约束问题，促进环保企业更好地吸收、消化和整合并购资源，最终实现环保企业的高质量发展。

二、企业层面

第一，企业应充分认识当前绿色低碳发展带来的历史性机遇，积极响应国家"走出去"战略和共建"一带一路"倡议，抓住有利并购机会实现快速发展。近年来，国家对环境问题的高度重视和大量环境政策的出台，使得国内环保市场需求得到极大释放，环保企业迎来历史性发展机遇。但是由于技术水平落后和管理经验不足等，环保企业的总体发展状况仍不尽如人意。尽管海外并购存在较大的不确定性风险，但也是短期内实现弯道超越的利器。尤其是在环保市场成熟、环境技术先进和制度环境良好的发达国家进行并购活动，不仅能够突破国内制度环境和市场环境的束缚，还能提升自身的技术水平、投资效率和市场价值，快速实现国际化战略。因此，环保企业应借助国家"走出去"战略和共建"一带一路"倡议的东风，加快"走出去"的步伐，积极利用海外并购实现技术升级和竞争力提升。

第二，企业应加强风险防控意识，做好并购前的准备工作，降低因海外并购而产生的民族自豪感，尽量做到理性并购。由地理距离和制度差异导致的信息不对称会增加海外并购的交易成本和不确定性风险，而发展中国家企业海外并购产生的民族自豪感会进一步加剧这种成本和风险。现实证据也表明，不少环保企业海外并购支付了过高的并购价格，并且收购了不少资产质量不良和经营绩效持续亏损的垃圾企业，这不仅严重损害了并购绩效，还给环保企业的可持续发展埋下了隐患。因此，环保企业在海外并购前应加强对并购风险的评估，并聘请专业的咨询团队对标的企业的资产价值、股票价格和财务绩效进行详尽调查，避免并购垃圾资产和垃圾企业。同时，环保企业还要根据自身的实力选择合适的标的企业和支付方式，避免"蛇吞象"式并购和全额现金支付并购等非理性并购，尽可能降低并购风险和并购后的资源整合难度。

第三，打铁尚需自身硬，海外并购不仅需要环保企业拥有雄厚的资金实力，还需要具备一定的吸收能力、跨文化整合能力和健全的公司治理机制。尽管海外并购能够帮助环保企业接触和了解先进的知识和技术，但是企业能否及时识别、吸收和利用这些知识和资源还取决于自身的吸收能力。同时，由于中国与东道国之间较大的文化差异，并购双方沟通和交流的成本与效率会受到影响，从而阻碍并购资源的整合和并购绩效的提升；而较强的跨文化整合能力能够增强并购双方的沟通意愿和沟通强度，从而降低组织冲突，促进并购资源的有效转移。此外，健全的公司治理机制可以降低管理层的代理问题，促进并购协同效应的发挥。本书对于调节效应和异质性分析的检验也证实了这种观点。因此，环保企业在进行海外并购之前，要适时通过加强研发投入、引进技术人才和有海外经历的人才来提升自身的吸收能力和跨文化整合能力；同时，还需要通过两职分离等来改善内部治理水平，从而为海外并购后的资源吸收与整合奠定基础。

第四，海外并购的价值创造效应需要较长的时间，企业应具有长远发展眼光，并辅之长期战略安排予以配合。相较国内并购，海外并购的性质更加复杂，这导致海外并购的收益需要较长时间才能显现出来。比如，海外并购虽然能在短期内提升环保企业的创新产出，但是创新成果的商业化和产业化还需要漫长的时间，且需要企业持续地投入资金进行研发。这也导致海外并购短期内不仅无法提升环保企业的盈利能力，还可能增加企业的生产成本，这就需要企业保持足够的耐心，避免因快速"变现"期望而进行短期投资。此外，尽管发明专利的失败风险更高、创新周期更长，但是发明专利的创新质量更高，更有利于增强企业的核心竞争力并突破当前我国核心环境技术的"卡脖子"难题。因此，环保企业应充分利用技术导向型海外并购带来的创新资源开展高质量创新活动，避免陷入"低质量创新"和"策略性创新"的恶性循环。

参考文献

[1] 蔡庆丰，林少勤，吴冠琛，等. 反收购强度、企业研发决策与长期价值创造 [J]. 南开管理评论，2022，25（3）：15-24；117；25-26.

[2] 蔡翔，吴俊，徐正丽. 跨国并购是否促进了母公司技术创新：基于"一带一路"倡议的准自然实验 [J]. 湖南科技大学学报（社会科学版），2021，24（1）：67-74.

[3] 曹春方，林雁. 异地独董、履职职能与公司过度投资 [J]. 南开管理评论，2017，20（1）：16-29；131.

[4] 陈爱贞，张鹏飞. 并购模式与企业创新 [J]. 中国工业经济，2019（12）：115-133.

[5] 陈良银，黄俊，陈信元. 混合所有制改革提高了国有企业内部薪酬差距吗 [J]. 南开管理评论，2021，24（5）：150-162.

[6] 陈武元，徐振锋，蔡庆丰. 教育国际交流对中国"一带一路"海外并购的影响——基于孔子学院和来华留学教育的实证研究 [J]. 教育发展研究，2020，40（21）：37-46.

[7] 池国华，邹威. EVA考核、管理层薪酬与非效率投资——基于沪深A股国有上市公司的经验证据 [J]. 财经问题研究，2014（7）：43-50.

[8] 代昀昊，孔东民. 高管海外经历是否能提升企业投资效率 [J]. 世界经

济，2017，40（1）：168-192.

[9] 邓美薇. 经济政策不确定性对企业绩效的影响——来自中国非金融类上市公司的经验证据 [J]. 工业技术经济，2019，38（2）：97-106.

[10] 樊秀峰，李稳. 基于 PSM 方法的中国上市公司海外并购绩效评估与分析 [J]. 国际经贸探索，2014，30（12）：70-80.

[11] 方军雄. 所有制、市场化进程与资本配置效率 [J]. 管理世界，2007（11）：27-35.

[12] 冯晓晴，文雯. 国有机构投资者持股能提升企业投资效率吗？[J]. 经济管理，2022，44（1）：65-84.

[13] 顾露露，雷悦，蔡良. 中国企业海外并购绩效的制度环境解释——基于倾向配比评分的全现金支付方式分析 [J]. 国际贸易问题，2017（12）：36-46.

[14] 郭文博. 整合能力、母国效应与中国企业跨国并购绩效研究 [D]. 北京：北京邮电大学，2019.

[15] 韩永辉，王贤彬，韦东明，等. 双边投资协定与中国企业海外并购——来自准自然实验的证据 [J]. 财经研究，2021，47（4）：33-48.

[16] 韩永辉，张帆，王贤彬，等. 双边政治关系与中国企业海外并购 [J]. 经济科学，2021（5）：37-51.

[17] 何欢浪，任岩，章韬. 媒体宣传、知识产权保护与企业创新 [J]. 世界经济，2022，45（1）：57-81.

[18] 贺晓宇，沈坤荣. 跨国并购促进了企业创新能力提升吗？——基于制造业上市公司的微观证据 [J]. 现代经济探讨，2018（7）：78-86；98.

[19] 胡潇婷，高雨辰，金占明，等. 海外并购对企业探索式和利用式创新绩效的影响研究：基于中国的实证分析 [J]. 科学学与科学技术管理，2020，41（9）：35-54.

[20] 户青，陈少华，贺琛. 货币政策、财务灵活性与企业绩效关系的实证考察 [J]. 统计与决策，2016（15）：169-172.

[21] 黄亮雄，钱馨蓓，李青. 领导人访问与中国企业在"一带一路"沿线国

家的海外并购［J］.国际商务（对外经济贸易大学学报），2018（6）：47-60.

[22] 黄苹，蔡火娣.跨国并购对企业技术创新质变的影响研究——基于技术互补性调节分析［J］.科研管理，2020，41（6）：80-89.

[23] 纪春礼，李振东.管理层特征对企业国际化绩效的影响：基于中国国有控股制造业上市公司数据的实证检验［J］.经济经纬，2010（3）：57-60.

[24] 贾镜渝，李文.距离、战略动机与中国企业跨国并购成败——基于制度和跳板理论［J］.南开管理评论，2016，19（6）：122-132.

[25] 贾镜渝，孟妍.经验学习、制度质量与国有企业海外并购［J］.南开管理评论，2022，25（3）：49-63.

[26] 贾妮莎，韩永辉，雷宏振.中国企业对外直接投资的创新效应研究［J］.科研管理，2020，41（5）：122-130.

[27] 贾宪军，胡海峰.宏观经济因素对中国企业海外并购意愿影响的实证分析［J］.经济与管理评论，2018，34（6）：73-85.

[28] 姜付秀，张敏，陆正飞，等.管理者过度自信、企业扩张与财务困境［J］.经济研究，2009，44（1）：131-143.

[29] 蒋冠宏.我国企业跨国并购真的失败了吗？ 基于企业效率的再讨论［J］.金融研究，2017（4）：46-60.

[30] 蒋冠宏.跨国并购和国内并购对企业市场价值的影响及差异：来自中国企业的证据［J］.世界经济研究，2020（1）：82-95；136-137.

[31] 蒋冠宏.并购如何提升企业市场势力——来自中国企业的证据［J］.中国工业经济，2021（5）：170-188.

[32] 蒋冠宏.企业并购如何影响绩效：基于中国工业企业并购视角［J］.管理世界，2022，38（7）：196-212.

[33] 蒋墨冰，黄先海，杨君.经济政策不确定性、产业政策与中国企业海外并购［J］.经济理论与经济管理，2021，41（3）：26-39.

[34] 黎来芳，薛菲，许少山.学者型独立董事影响企业投资效率吗？——来

自中国上市公司的经验证据 [J]. 科学决策，2022（3）：1-31.

[35] 黎文靖，彭远怀，谭有超. 知识产权司法保护与企业创新——兼论中国企业创新结构的变迁 [J]. 经济研究，2021，56（5）：144-161.

[36] 黎文靖，郑曼妮. 实质性创新还是策略性创新？——宏观产业政策对微观企业创新的影响 [J]. 经济研究，2016，51（4）：60-73.

[37] 李德辉，范黎波. 从"外来者"到"局内人"：中国企业跨国并购中的文化摩擦 [J]. 南开管理评论，2022，25（3）：35-50.

[38] 李刚，侯青川，张瑾. 政府补助与公司投资效率——基于中国制度背景的实证分析 [J]. 审计与经济研究，2017，32（4）：74-82.

[39] 李红，谢娟娟. 金融发展、企业融资约束与投资效率——基于2002—2013年上市企业面板数据的经验研究 [J]. 南开经济研究，2018（4）：36-52.

[40] 李梅，余天骄. 东道国制度环境与海外并购企业的创新绩效 [J]. 中国软科学，2016（11）：137-151.

[41] 李苗，李村璞. 高管薪酬攀比心理、控股股东性质与投资行为 [J]. 统计与决策，2021，37（12）：178-181.

[42] 李培功，肖珉. CEO任期与企业资本投资 [J]. 金融研究，2012（2）：127-141.

[43] 李欠强，陈衍泰，厉婧. 海外研发投资与企业创新绩效 [J]. 国际贸易问题，2021（6）：159-174.

[44] 李诗，吴超鹏. 中国企业跨国并购成败影响因素实证研究——基于政治和文化视角 [J]. 南开管理评论，2016，19（3）：18-30.

[45] 李元旭，刘鎏. 制度距离与我国企业跨国并购交易成败研究 [J]. 财经问题研究，2016（3）：94-103.

[46] 李云鹤，葛林楠，唐梦涵. 我国民营公司海外并购创造市场价值了吗？——来自短期市场价值效应的证据 [J]. 华东师范大学学报（哲学社会科学版），2018，50（5）：142-151；176-177.

[47] 林琳，赵杨. 名人CEO与企业投资效率 [J]. 科学决策，2022（3）：

51-70.

[48] 刘柏，梁超. 董事会过度自信与企业国际并购绩效 [J]. 经济管理，
2017, 39 (12)：73-88.

[49] 刘莉，任广乾，郑敏娜. 高管主动离职、薪酬契约参照点与企业绩效
[J]. 会计研究，2022 (1)：70-83.

[50] 刘青，陶攀，洪俊杰. 中国海外并购的动因研究——基于广延边际与集
约边际的视角 [J]. 经济研究，2017, 52 (1)：28-43.

[51] 刘新恒，丁辉，李舒娴，等. 股票市场开放能提高中国企业生产效率
吗？——基于陆港通的准自然实验 [J]. 系统工程理论与实践，2021,
41 (12)：3115-3128.

[52] 刘兴鹏. 研发投入对企业绩效影响的门槛效应：以广东省为例 [J]. 统
计与决策，2022, 38 (3)：172-177.

[53] 刘艳霞，祁怀锦. 管理者自信会影响投资效率吗——兼论融资融券制度
的公司外部治理效应 [J]. 会计研究，2019 (4)：43-49.

[54] 刘烨，曲怡霏，方磊，等. CEO 年龄、公司治理与海外并购——来自我
国沪深股市的经验数据（2009～2014）[J]. 运筹与管理，2018, 27
(10)：174-184.

[55] 柳光强，孔高文. 高管海外经历是否提升了薪酬差距 [J]. 管理世界，
2018, 34 (8)：130-142.

[56] 龙小宁，万威. 环境规制、企业利润率与合规成本规模异质性 [J]. 中
国工业经济，2017 (6)：155-174.

[57] 卢洪友，邓谭琴，余锦亮. 财政补贴能促进企业的"绿化"吗？——基
于中国重污染上市公司的研究 [J]. 经济管理，2019, 41 (4)：5-22.

[58] 罗付岩. 信息不对称、银企关系与企业投资效率 [J]. 金融经济学研究，
2013, 28 (6)：86-98.

[59] 罗进辉. 媒体报道的公司治理作用——双重代理成本视角 [J]. 金融研
究，2012 (10)：153-166.

[60] 马建威. 中国企业海外并购绩效研究 [D]. 北京：财政部财政科学研究

所，2011.

[61] 毛其淋. 外资进入自由化如何影响了中国本土企业创新？[J]. 金融研究，2019（1）：72-90.

[62] 潘红波，杨海霞. 利益相关者"创新关注"促进了企业创新吗——来自深交所"互动易"的证据[J]. 南开管理评论，2022，25（3）：85-96.

[63] 潘红波，余明桂. 支持之手、掠夺之手与异地并购[J]. 经济研究，2011，46（9）：108-120.

[64] 潘越，汤旭东，宁博，等. 连锁股东与企业投资效率：治理协同还是竞争合谋[J]. 中国工业经济，2020（2）：136-164.

[65] 潘志斌，葛林楠. 政治关联、股权性质与海外并购——基于"一带一路"沿线的视角[J]. 华东师范大学学报（哲学社会科学版），2018，50（5）：120-127；176.

[66] 钱雪松，方胜.《物权法》出台、融资约束与民营企业投资效率——基于双重差分法的经验分析[J]. 经济学（季刊），2021，21（2）：713-732.

[67] 屈文洲，谢雅璐，叶玉妹. 信息不对称、融资约束与投资-现金流敏感性——基于市场微观结构理论的实证研究[J]. 经济研究，2011，46（6）：105-117.

[68] 任曙明，陈强，王倩，等. 海外并购为何降低了中国企业投资效率？[J]. 财经研究，2019，45（6）：128-140.

[69] 任曙明，王倩，李洁敏. 成长冲动与风险对冲：经济政策不确定性如何影响企业海外并购[J]. 当代经济科学，2021，43（4）：27-41.

[70] 任宇新，张雪琳，吴敬静，等. 政府补贴、研发投入与全要素生产率——中国制造业企业的实证研究[J]. 科学决策，2022（7）：44-62.

[71] 沈洪涛，冯杰. 舆论监督、政府监管与企业环境信息披露[J]. 会计研究，2012（2）：72-78；97.

[72] 宋林，彬彬. 我国上市公司跨国并购动因及影响因素研究——基于多项Logit模型的实证分析[J]. 北京工商大学学报（社会科学版），2016，31（5）：98-106.

[73]　宋林，张丹，谢伟. 对外直接投资与企业绩效提升 [J]. 经济管理，2019，41（9）：57-74.

[74]　孙程. 环保企业投资风险预警研究 [D]. 保定：河北大学，2021.

[75]　孙江明，居文静. 跨国并购对我国企业创新绩效的影响——基于上市公司数据的实证研究 [J]. 世界经济与政治论坛，2019（2）：149-172.

[76]　孙淑伟，何贤杰，王晨. 文化距离与中国企业海外并购价值创造 [J]. 财贸经济，2018，39（6）：130-146.

[77]　孙文莉，谢丹，李莉文. 宏观风险对中国企业海外并购成功率的影响研究 [J]. 经济学动态，2016（11）：79-89.

[78]　唐国平，孙洪锋. 环境规制、风险补偿与高管薪酬——基于新《环境保护法》实施的经验证据 [J]. 经济管理，2022，44（7）：140-158.

[79]　万丛颖，黄萌萌，黄速建. 强制分红政策、代理冲突与地方国有企业绩效 [J]. 财贸经济，2022，43（4）：85-97.

[80]　王丹，李丹，李欢. 客户集中度与企业投资效率 [J]. 会计研究，2020（1）：110-125.

[81]　王海军，奚浩彬，邢华. 管理者从政经历增加了国企的海外并购倾向吗？来自上市公司的经验证据 [J]. 世界经济研究，2021（4）：70-87；135-136.

[82]　王娟茹，杨苗苗，李正锋. 跨界搜索、知识整合与突破性创新 [J]. 研究与发展管理，2020，32（3）：111-122.

[83]　王珺红. 中国环保产业投融资机制及效应研究 [D]. 青岛：中国海洋大学，2008.

[84]　王克敏，刘静，李晓溪. 产业政策、政府支持与公司投资效率研究 [J]. 管理世界，2017（3）：113-124；145；188.

[85]　王旭，高天惠，胡峰. 中国企业海外并购动因和影响分析——与美国企业海外并购的比较 [J]. 亚太经济，2022（1）：93-101.

[86]　王韧，何小波，王睿. 环保企业技术效率的分布特征与异质性来源：微观实证与比较 [J]. 中国人口·资源与环境，2020，30（7）：118-127.

[87] 王营，张光利.董事网络和企业创新：引资与引智［J］.金融研究，2018（6）：189-206.

[88] 王玉涛，董天一，鲁重峦.中小股东"用嘴投票"的治理效应与企业投资效率［J］.经济管理，2022，44（6）：115-132.

[89] 王喆，蒋殿春.跨国并购是否提高了企业风险：来自中国上市公司的证据［J］.世界经济研究，2021（3）：107-120；136.

[90] 危平，唐慧泉.跨国并购的财富效应及其影响因素研究——基于双重差分方法的分析［J］.国际贸易问题，2016（11）：120-131.

[91] 韦东明，顾乃华，徐扬."一带一路"倡议与中国企业海外并购：来自准自然实验的证据［J］.世界经济研究，2021（12）：116-129；134.

[92] 魏明海，刘秀梅.贸易环境不确定性与企业创新——来自中国上市公司的经验证据［J］.南开管理评论，2021，24（5）：16-27.

[93] 温忠麟，侯杰泰，张雷.调节效应与中介效应的比较和应用［J］.心理学报，2005（2）：268-274.

[94] 吴建祖，陈丽玲.高管团队并购经验与企业海外并购绩效：高管团队薪酬差距的调节作用［J］.管理工程学报，2017，31（4）：8-14.

[95] 吴力波，杨眉敏，孙可哿.公众环境关注度对企业和政府环境治理的影响［J］.中国人口·资源与环境，2022，32（2）：1-14.

[96] 吴先明，马子涵.制度嵌入如何影响跨境并购后的企业创新质量？［J］.经济管理，2022，44（4）：98-115.

[97] 吴先明，张雨.海外并购提升了产业技术创新绩效吗——制度距离的双重调节作用［J］.南开管理评论，2019，22（1）：4-16.

[98] 吴先明，张玉梅.国有企业的海外并购是否创造了价值：基于PSM和DID方法的实证检验［J］.世界经济研究，2019（5）：80-91；106；135-136.

[99] 吴小节，马美婷.制度距离对海外并购绩效的影响机制——并购经验与政治关联的调节作用［J］.国际商务研究，2022，43（2）：13-24.

[100] 吴映玉，陈松．新兴市场企业的技术追赶战略——海外并购和高管海外经历的作用 [J]．科学学研究，2017，35（9）：1378-1385．

[101] 冼国明，明秀南．海外并购与企业创新 [J]．金融研究，2018（8）：155-171．

[102] 项代有．海外并购与财务风险——基于会计数据的小样本分析 [J]．财经论丛，2015（8）：74-80．

[103] 谢佩洪，汪春霞．管理层权力、企业生命周期与投资效率——基于中国制造业上市公司的经验研究 [J]．南开管理评论，2017，20（1）：57-66．

[104] 徐旸煭，姜建刚．东道国制度视角下我国对外直接投资的决定因素 [J]．上海经济研究，2014（2）：23-31．

[105] 薛安伟．跨国并购提高企业绩效了吗——基于中国上市公司的实证分析 [J]．经济学家，2017（6）：88-95．

[106] 徐慧琳，杨望，王振山．开放式创新与企业创新——基于中国沪深A股上市公司跨国并购的经验研究 [J]．国际金融研究，2019（11）：86-96．

[107] 徐慧琳，杨望，王振山．跨国并购与新兴市场跨国企业公司治理——以中国沪深A股上市公司为例 [J]．金融论坛，2020，25（9）：72-80．

[108] 徐扬，韦东明．城市知识产权战略与企业创新——来自国家知识产权示范城市的准自然实验 [J]．产业经济研究，2021（4）：99-114．

[109] 阎大颖．制度距离、国际经验与中国企业海外并购的成败问题研究 [J]．南开经济研究，2011（5）：75-97．

[110] 杨波，万筱雯．市场势力视角下企业海外并购股票市场收益研究 [J]．系统工程理论与实践，2021，41（6）：1383-1396．

[111] 杨德明，毕建琴．"互联网+"、企业家对外投资与公司估值 [J]．中国工业经济，2019（6）：136-153．

[112] 杨德明，赵璨．媒体监督、媒体治理与高管薪酬 [J]．经济研究，2012，47（6）：116-126．

[113] 杨汉明，赵鑫露. 管理层能力、现金股利与绩效反应 [J]. 财经理论与实践，2019，40（3）：74-80.

[114] 杨娜，陈烨，李昂. 高管海外经历、管理自主权与企业后续海外并购等待时间 [J]. 国际贸易问题，2019（9）：161-174.

[115] 杨兴锐. 我国企业跨国并购的价值创造机制研究 [D]. 武汉：武汉大学，2014.

[116] 姚立杰，陈雪颖，周颖，等. 管理层能力与投资效率 [J]. 会计研究，2020（4）：100-118.

[117] 姚立杰，周颖. 管理层能力、创新水平与创新效率 [J]. 会计研究，2018（6）：70-77.

[118] 姚维保，张翼飞. 研发税收优惠必然提升企业绩效吗？——基于上市医药企业面板数据的实证研究 [J]. 税务研究，2020（7）：95-101.

[119] 尹亚红. 海外并购对技术创新有促进作用吗 [J]. 金融经济学研究，2019，34（3）：137-149.

[120] 余红辉. 做强做优做大节能环保产业助推中国经济高质量发展 [J]. 国资报告，2019，58（10）：76-79.

[121] 余娟娟，魏霄鹏. 中国企业海外并购看重东道国的营商环境吗——基于环境不确定性及交易成本减低的视角 [J]. 国际商务（对外经济贸易大学学报），2022（1）：51-68.

[122] 俞萍萍，赵永亮. 企业异质性与跨国并购——基于我国制造业微观数据的检验 [J]. 国际商务（对外经济贸易大学学报），2015（6）：136-145.

[123] 于文超，梁平汉，高楠. 公开能带来效率吗？——政府信息公开影响企业投资效率的经验研究 [J]. 经济学（季刊），2020，19（3）：1041-1058.

[124] 于亚卓，张惠琳，张平淡. 非对称性环境规制的标尺现象及其机制研究 [J]. 管理世界，2021，37（9）：134-147.

[125] 袁淳，耿春晓，孙健，等. 不确定性冲击下纵向一体化与企业价值——

来自新冠疫情的自然实验证据 [J]. 经济学（季刊），2022，22（2）：633-652.

[126] 袁军，邵燕敏，王珏. 研发补贴集中度、高管技术背景与企业创新——以战略性新兴产业上市公司为例 [J]. 系统工程理论与实践，2022，42（5）：1185-1196.

[127] 张多蕾，赵深圳. 管理者行为、内外部监督与企业金融化 [J]. 财经问题研究，2022（4）：121-128.

[128] 张宏，韩颖，张鑫. 异质性与中国企业 OFDI 自我选择效应实证检验 [J]. 亚太经济，2014（4）：97-104.

[129] 张建勇，葛少静，赵经纬. 媒体报道与投资效率 [J]. 会计研究，2014（10）：59-65；97.

[130] 张平淡，王纯，张惠琳. 推动环境信息披露能改善投资效率吗？[J]. 中国环境管理，2020，12（5）：110-114.

[131] 张双龙，金荣学，刘奥. 技术引进税收优惠能否促进企业自主创新？[J]. 财经研究，2022，48（8）：124-138.

[132] 张文菲，金祥义. 跨国并购有利于企业创新吗 [J]. 国际贸易问题，2020（10）：128-143.

[133] 张文菲，金祥义，张诚. 跨国并购、市场化进程与企业创新——来自上市企业的经验证据 [J]. 南开经济研究，2020（2）：203-225.

[134] 张夏羿，朱艳春. 环境经济政策对环保上市公司绩效的影响 [J]. 大连理工大学学报（社会科学版），2017，38（4）：19-25.

[135] 张信东，郝盼盼. 企业创新投入的原动力：CEO 个人品质还是早年经历——基于 CEO 过度自信品质与早年饥荒经历的对比 [J]. 上海财经大学学报，2017，19（1）：61-74.

[136] 张悦玫，张芳，李延喜. 会计稳健性、融资约束与投资效率 [J]. 会计研究，2017（9）：35-40；96.

[137] 张中华，杜丹. 政府补贴提高了战略性新兴产业的企业投资效率

吗？——基于我国 A 股上市公司的经验证据 [J]. 投资研究，2014，33
（11）：16-25.

[138] 赵海龙，何贤杰，王孝钰，等. 海外并购能够改善中国企业公司治理吗
[J]. 南开管理评论，2016，19（3）：31-39.

[139] 赵娜，张晓峒，朱彤. 董事声誉偏好与企业投资效率——基于中国
2005-2016 年上市公司的实证分析 [J]. 南开经济研究，2019（5）：
198-224.

[140] 赵西卜，杨丹. 高管部队经历提升了企业的创新效率吗？[J]. 数理统计
与管理，2022，41（5）：916-926.

[141] 赵振洋，王雨婷，陈佳宁. 非行政处罚性监管与企业投资效率——基于
交易所问询函的经验证据 [J]. 南开经济研究，2022（5）：181-200.

[142] 甄琳，王疆，郭健全. 什么影响了中国金融业跨国并购的区位选
择？——基于心理距离角度的研究 [J]. 投资研究，2018，37（2）：
61-73.

[143] 郑贵华，陈蕾莉. 股权激励、R&D 投入对上市企业财务绩效的影响
[J]. 哈尔滨商业大学学报（社会科学版），2021（6）：27-35；81.

[144] 郑思齐，万广华，孙伟增，等. 公众诉求与城市环境治理 [J]. 管理世
界，2013（6）：72-84.

[145] 钟宁桦，温日光，刘学悦. "五年规划"与中国企业跨境并购 [J]. 经济
研究，2019，54（4）：149-164.

[146] 周晶晶，蒋薇薇，赵增耀. 中国企业跨国并购提升了其研发能力
吗？——来自"一带一路"沿线国家的证据 [J]. 科研管理，2019，40
（10）：37-47.

[147] 周丽萍，张毓卿. 东道国交通设施如何影响中国企业海外并购——基于
"一带一路"倡议真实效应的研究 [J]. 当代财经，2019（11）：14-24.

[148] 周中胜，贺超，韩燕兰. 高管海外经历与企业并购绩效：基于"海归"
高管跨文化整合优势的视角 [J]. 会计研究，2020（8）：64-76.

[149] 朱华. 国有制身份对中国企业海外竞购交易成败的影响研究 [J]. 世界

经济研究，2017（3）：42-55；134-135.

[150] 朱涛，李君山，朱林染. 管理者特征、R&D投入与企业绩效 [J]. 科研
管理，2022，43（3）：201-208.

[151] 朱治理，温军，李晋. 海外并购、文化距离与技术创新 [J]. 当代经济
科学，2016，38（2）：79-86；127.

[152] 左志刚，杨帆. 东道国文化特质与跨国并购失败风险——基于中国企业
海外并购样本的实证研究 [J]. 外国经济与管理，2021，43（01）：
58-72.

[153] AHAMMAD M F，GLAISTER K W. The double-edged effect of cultural
distance on cross-border acquisition performance [J]. European Journal of
International Management，2011，5（4）：327-345.

[154] ALEKSANYAN M，HAO Z，VAGENAS E，et al.Do state visits affect cross-
border mergers and acquisitions [J]. Journal of Corporate Finance，2021，
66（2）：1-19.

[155] ALQUIST R，BERMAN N，MUKHERJEE R，et al. Financal constraints，
institutions，and foreign ownership [J]. Journal of International Economics，
2019，118（5）：63-83.

[156] AMORE M，MINICHILLI A.Local political uncertainty，family control，and
investment behavior [J]. Journal of Financial and Quantitative Analysis，
2018，53（4）：1781-1804.

[157] ANG J S，CHENG Y，WU C.Does enforcement of intellectual property rights
matter in China？ Evidence from financing and investment choices in the high-
tech industry [J]. Review of Economics and Statistics，2014，96（2）：
332-348.

[158] AN H，CHEN C R，WU Q，et al.Corporate innovation：do diverse boards
help？ [J] Journal of Financial and Quantitative Analysis，2019，56（1）：
1-61.

[159] BABOUKARDOS D. The valuation relevance of environmental performance

revisited: the moderating role of environmental provisions [J]. British Accounting Review, 2018, 50 (1): 32-47.

[160] BAE G S, CHOI S U, DHALIWAL D S, et al.Auditors and client investment efficiency [J]. The Accounting Review, 2017, 92 (2): 19-40.

[161] BAKER M, FOLEY C F, WURGLER J.Multinationals as arbitrageurs: the effect of stock market valuations on foreign direct investment [J]. Review of Financial Studies, 2009, 22 (1): 337-369.

[162] BARKEMA H G, VERMEULEN F.International expansion through start up or acquisition: a learning perspective [J]. Academy of Management Journal, 1998, 41 (1): 7-26.

[163] BARNEY J B. Returns to bidding firms in mergers and acquisitions: reconsidering the relatedness hypothesis [J]. Strategic Management Journal, 1988, 9 (5): 71-78.

[164] BARNEY J B. Firm resources and sustained competitive advantage [J]. Journal of Management, 1991, 17 (1): 99-120.

[165] BEATTY A, LIAO W S, WEBER J.The effect of private information and monitoring on the role of accounting quality in investment decisions [J]. Contemporary Accounting Research, 2010, 27 (1): 17-47.

[166] BERTRAND M, MULLAINATHAN S. Enjoying the quiet life? Corporate governance and managerial preferences [J]. Journal of Political Economy, 2003, 111 (5): 1043-1075.

[167] BESEN S M, RASKIND L J. An introduction to the law and economics of intellectual property [J]. Journal of Economic Perspectives, 1991, 5 (1): 3-27.

[168] BITZER J, KEREKES M.Does foreign directinvestment transfer technology across borders? New evidence [J]. Economics Letters, 2008, 100 (3): 355-358.

[169] BOATENG A, NARAIDOO R, UDDIN M.An analysis of the inward cross-

border mergers and acquisitions in the UK: a macroeconomic perspective [J]. Journal of International Financial Management & Accounting, 2011, 22 (2): 91-113.

[170] BONNIE B, CAO C X, CHEN C.Corporate social responsibility, firm value, and influential institutional ownership [J]. Journal of Corporate Finance, 2018, 52 (10): 73-95.

[171] BOYACIGILLER N. The role of expatriates in the management of interdependence, complexity and risk in multinational corporations [J]. Journal of International Business Studies, 1990, 21 (3): 357-381.

[172] BROCHET F, LIMBACH P, SCHMID M, et al.CEO tenure and firm value [J]. Accounting Review, 2021, 96 (6): 47-71.

[173] BUCH C M, DELONG G L.Cross-border bank mergers: what lures the rare animal? [J]. Journal of Banking and Finance, 2004, 28 (9): 2077-2102.

[174] BUCKLEY P J, FORSANS N, MUNJAL S.Host-home country linkages and host-home country specific advantages as determinants of foreign acquisitions by Indian firms [J]. International Business Review, 2012, 21 (5): 878-890.

[175] CAMERON A C, TRIVEDI P K. Microeconometrics: methods and applications [J]. Economic Journal, 2010, 116 (509): 161-162.

[176] CAO C, LI X, LIU G.Political uncertainty and cross-border acquisitions [J]. Review of Finance, 2019, 23 (2): 439-470.

[177] CASSIMAN B, COLOMBO M G, GARRONE P, et al.The impact of M&A on the R&D process: an empirical analysis of the role of technological-and market-relatedness [J]. Research Policy, 2005, 34 (2): 195-220.

[178] CHAKRABARTI R, JAYARAMAN N, GUPTA-MUKHERJEE S, et al. Marriages: culture and cross-border M&A [J]. Journal of International Business Studies, 2009, 40 (2): 216-236.

[179] CHEMMANUR T J, TIAN X. Do antitakeover provisions spur corporate

innovation？A regression discontinuity analysis ［J］. Journal of Financial and Quantitative Analysis，2018，53（03）：1163-1194.

［180］ CHEMMANUR T，KONG L，KRISHNAN K，et al.Top management human capital， inventor mobility， and corporate innovation ［J］． Journal of Financial and Quantitative Analysis，2019，54（6）：2383-2422.

［181］ CHEN X，LIANG X，WU H.Cross-border mergers and acquisitions and CSR performance：evidence from China ［J］．Journal of Business Ethics，2023，183（1）：255-288.

［182］ CHEUNG K Y，LIN P.Spillover effects of FDI on innovation in China：evidence from the provincial data ［J］．China Economic Review，2004，15（1）：25-44.

［183］ CHIRCOP J，COLLINS D W，HASS L H， et al.Accounting comparability and corporate innovative efficiency ［J］．The Accounting Review，2020，95（4）：127-151.

［184］ CHOI J K，HANN R N，SUBASI M，et al.An empirical analysis of analysts' capital expenditure forecasts： evidence from corporate investment efficiency ［J］．Contemporary Accounting Research.2020，37（4）：2615-2648.

［185］ CHU Y，XUAN T， WANG W.Corporate innovation along the supply chain ［J］．Management Science，2019，65（6）：2445-2466.

［186］ CLAESSENS S， VAN H N.Location decisions of foreign banks and competitor remoteness ［J］．Journal of Money， Credit and Banking，2014，46（1）：295-326.

［187］ CLARK S M，GIOIA D A，KETCHEN D J，et al.Transitional identity as a facilitator of organizational identity change during a merger ［J］．Administrative Science Quarterly，2010，55（3）：397-438.

［188］ CLOODT M，HAGEDOORN J J， KRANENBURG H V. Mergers and acquisitions：their effect on the innovative performance of companies in high-tech industries ［J］．Research Policy，2006，35（5）：642-654.

[189] COHEN W, LEVINE R.Empirical studies of innovation and market structure [J]. Handbook of Industrial Organization, 1989, 39 (8): 1105-1121.

[190] COHEN W M, LEVINTHAL D A.Absorptive capacity: a new perspective on learning and innovation [J]. Administrative Science Quarterly, 1990, 35 (1): 128-152.

[191] DAI L, SHEN R, ZHANG B. Does the media spotlight burn or spur innovation? [J]. Review of Accounting Studies, 2021, 26 (1): 343-390.

[192] DANBOLT J, MACIVER G.Cross-border versus domestic acquisitions and the impact on shareholder wealth [J]. Journal of Business Finance & Accounting, 2012, 39 (7-8): 1028-1067.

[193] DAVIES R B, DESBORDES R, RAY A. Greenfield versus merger and acquisition FDI: same wine, different bottles? [J]. Canadian Journal of Economics, 2018, 51 (4): 1151-1190.

[194] DE MAN A P, DUYSTERS G.Collaboration and innovation: a review of the effect of mergers, acquisitions and alliances on innovation [J]. Technovation, 2005, 25 (12): 1377-1387.

[195] DENG P, YANG M. Cross-border mergers and acquisitions by emerging market firms: a comparative investigation [J]. International Business Review, 2015, 24 (01): 157-172.

[196] DENICOLON V, POLO M.Duplicative research, mergers and innovation [J]. Economics Letters, 2018, 166 (2): 56-59.

[197] DESYLLAS P, HUGHES A. Do high technology acquirers become more innovative? [J]. Research Policy, 2010, 39 (8): 1 105-1121.

[198] DI MININ A, ZHANG J, GAMMELTOFT P. Chinese foreign direct investment in R&D in Europe: a new model of R&D internationalization? [J]. European Management Journal, 2012, 30 (3): 189-203.

[199] DIKOVA D, BROUTHERS K.International establishment mode choice: past, present and future [J]. Management International Review, 2016, 56 (4):

489-530.

[200] DIMMOCK S G, GERKEN W C, GRAHAM N P. Is fraud contagious? Co-worker influence on misconduct by financial advisors [J]. The Journal of Finance, 2018, 73 (3): 1417-1450.

[201] DING X, MO J, ZHONG L. The effect of cross-border mergers and acquisitions on earnings quality: evidence from China [J]. Thunderbird International Business Review, 2017, 59 (4): 519-531.

[202] DING Y, ZHANG X, LIU Z. Differences in returns to cross-border M&A in the short and long run: evidence from Chinese listed firms [J]. Journal of Asian Economics, 2021, 74 (1): 1-16.

[203] DONG L J, LI X, MCDONALD F, et al. Distance and the completion of Chinese cross-border mergers and acquisitions [J]. Baltic Journal of Management, 2019, 14 (3): 500-519.

[204] DOW D, KARUNARATNA A. Developing a multidimensional instrument to measure psychic distance stimuli [J]. Journal of International Business Studies, 2006, 37 (5): 578-602.

[205] DUTTA S, SAADI S, ZHU P. Does payment method matter in cross-border acquisitions? [J]. International Review of Economics and Finance, 2013, 25 (01): 91-107.

[206] EDMANS A, MANSO G. Governance through trading and intervention: a theory of multiple blockholders [J]. Social Science Electronic Publishing, 2011, 24 (7): 2395-2428.

[207] EMPSON L. Fear of exploitation and fear of contamination: impediments to knowledge transfer in mergers between professional service firms [J]. Human Relations, 2001, 54 (7): 839-862.

[208] ESCRIBANO A, FOSFURI A, TRIBO J A. Managing external knowledge flows: the moderating role of absorptive capacity [J]. Research Policy, 2009, 38 (1): 96-105.

[209]   FAMA E F. Agency problems and the theory of the firm [J]. Journal of Political Economy, 1980, 88 (2): 288-307.

[210]   FAMA E F, JENSEN M C. Separation of ownership and control [J]. Journal of Law and Economics, 1983, 26 (2): 301-325.

[211]   FANG L H, JOSH L, WU C. Intellectual property rights protection, ownership, and innovation: evidence from China [J]. Review of Financial Studies, 2017, 30 (7): 2446-2477.

[212]   FAZZARI S, HUBBARD G, PETERSEN B. Financing constraints andcorporate investment [J]. Brookings Papers on Economic Activity, 1988, 88 (1): 141-206.

[213]   FEDERICO G, LANGUS G, VALLETTI T. Horizontal mergers and product innovation [J]. International Journal of Industrial Organization, 2018, 59 (11): 1-23.

[214]   FREY R, HUSSINGER K. The role of technology in M&As: a firm level comparison of cross-border and domestic deals [J]. ZEW Discussion Papers, 2006, 10 (4): 466-474.

[215]   GAO K, SHEN H, GAO X, et al. The power of sharing: evidence from institutional investor cross ownership and corporate innovation [J]. International Review of Economics & Finance, 2019, 63 (9): 284-296.

[216]   GAUTHIER C, GENET C. Nanotechnologies and green knowledge creation: paradox or enhancer of sustainable solutions? [J]. Journal of Business Ethics, 2014, 124 (4): 571-583.

[217]   GHISETTI, MARZUCCHI, MONTRESOR, et al. The open eco-innovation mode: an empirical investigation of eleven European countries [J]. Research Policy, 2015, 44 (5): 1080-1093.

[218]   GIANNETTI M, LIAO G, YU X. The brain gain of corporate boards: evidence from China [J]. Journal of Finance, 2015, 70 (4): 1629-1682.

[219]   GLOBERMAN S, SHAPIRO D. Global foreign direct investment flows: the

role of governance infrastructure [J]. World Development, 2002, 30 (11): 1899-1919.

[220] GOERGEN M, RENNEBOOG L. Shareholder wealth effects of European domestic and cross-border takeover bids [J]. European Financial Management, 2004, 10 (1): 9-45.

[221] GRIFFIN D, LI K, XU T. Board gender diversity and corporate innovation: international evidence [J]. Journal of Financial and Quantitative Analysis, 2021, 56 (1): 123-154.

[222] GUADALUPE M, KUZMINA O, THOMAS C. Innovation and foreign ownership [J]. American Economic Review, 2012, 102 (7): 3594-3627.

[223] GUO B, PÉREZ-CASTRILLO D, TOLDRÀ-SIMATS A. Firms' innovation strategy under the shadow of analyst coverage [J]. Journal of Financial Economics, 2019, 131 (2): 456-483.

[224] HARMS P, URSPRUNG H W. Do civil and political repression really boost foreign direct investments [J]. Economic Inquiry, 2002, 40 (4): 651-663.

[225] HACKBARTH D. Determinants of corporate borrowing: a behavioral perspective [J]. Journal of Corporate Finance, 2009, 15 (4): 389-411.

[226] HAM C, SEYBERT N, WANG S. Narcissism is a bad sign: CEO signature size, investment, and performance [J]. Review Of Accounting Studies, 2018, 23 (1): 234-264.

[227] HEINKEL R, ZECHNER J. The role of debt and perferred stock as a solution to adverse investment incentives [J]. Journal of Financial and Quantitative Analysis, 1990, 25 (1): 1-24.

[228] HIRSHLEIFER D, LOW A, TEOH S H. Are overconfident CEOs better innovators? [J]. Journal of Finance, 2012, 67 (4): 1457-1498.

[229] HOCHBERG Y V, LAURA L. Incentives, targeting, and firm performance: an analysis of non-executive stock options [J]. Social Science Electronic

Publishing, 2010, 23（11）: 4148-4186.

[230] HOPE O-K, THOMAS B W, VYAS D.The cost of pride: why do firms from developing countries bid higher?［J］. Journal of International Business Studies, 2011, 42（3）: 128-151.

[231] HSU P H, HUANG P, HUMPHERY-JENNER M, et al.Cross-border mergers and acquisitions for innovation［J］. Journal of International Money and Finance, 2021, 112（4）: 1-26.

[232] HU C H, LIU Y J.Valuing diversity: CEOs' career experiences and corporate investment［J］. Journal of Corporate Finance, 2015, 30（2）: 11-31.

[233] JENSEN M C. Agency costs of free cash flow, corporate finance, and takeovers［J］. American Economic Review, 1986, 76（2）: 323-329.

[234] JENSEN M C, MECKLING W H.Theory of the firm: managerial behavior, agency costs and ownership structure［J］. Social Science Electronic Publishing, 1976, 3（4）: 305-360.

[235] KAPLAN S N, ZINGALES L.Do investment-cash flow sensitivities provide useful measures of financing constraints［J］. Quarterly Journal of Economics, 1997, 112（1）: 169-215.

[236] KAROLYI G, LIAO R.State capitalism's global reach: evidence from foreign acquisitions by state-owned companies［J］. Journal of Corporate Finance, 2017, 42（2）: 367-391.

[237] LEE D.New evidence on the link between exchange rates and asset-seeking acquisition FDI［J］. North American Journal of Economics & Finance, 2013, 24（1）: 153-158.

[238] LI H, LI S, ZHAN X, et al.Corporate social responsibility and cross-border M&A: the moderating effect of institutional distance［J］. PLoS ONE, 2022, 17（1）: 1-17.

[239] LI J, XIA J, LIN Z.Cross-border acquisitions by state-owned firms: how do legitimacy concerns affect the completion and duration of their acquisitions?

[J] Strategic Management Journal, 2017, 38 (9): 1915–1934.

[240]   LI S, SHAHZADI A, ZHENG M, et al.The impacts of executives' political connections on interactions between firm's mergers, acquisitions, and performance [J]. Economic Change and Restructuring, 2022, 55 (2): 653–679.

[241]   LI X, ANWAR S, PENG F.Cross-border acquisitions and the performance of Chinese publicly listed companies [J]. Journal of Business Research, 2022, 141 (3): 575–588.

[242]   LI X Y. Productivity, restructuring, and the gains from takeovers [J]. Journal of Financial Economics, 2013, 109 (1): 250–271.

[243]   LIAN Z, SUN W L, XIE D, et al.Cultural difference and China's cross-border M&As: language matters [J]. International Review of Economics & Finance, 2021, 76 (11): 1205–1218.

[244]   LIANG F M.Ownership structure and firm performance in an emerging market: the moderating role of social networks [J]. Contemporary Management Research, 2009, 5 (2): 1813–5498.

[245]   LINDE P. Toward a new conception of the environment-competitiveness relationship [J]. Journal of Economic Perspectives, 1995, 9 (4): 97–118.

[246]   LIU H, LI Y, YANG R, et al.How do Chinese firms perform before and after cross-border mergers and acquisitions? [J]. Emerging Markets Finance and Trade, 2021, 57 (2): 348–364.

[247]   LIU Q, QU X, WANG D, et al. Product market competition and firm performance: business survival through innovation and entrepreneurial orientation amid COVID-19 financial crisis [J]. Frontiers in Psychology, 2022, 12 (3): 1–12.

[248]   LUO Y, TUNG R L.International expansion of emerging market enterprises: a springboard perspective [J]. Journal of International Business Studies, 2007, 38 (4): 481–498.

[249] MALMENDIER U, TATE G.Who makes acquisitions? CEO overconfifidence and the market's reaction [J]. Journal of Financial Economics, 2008, 89 (1): 20-43.

[250] MALMENDIER U, TATE G, YAN J. Overconfidence and early-life experiences: the effect of managerial traits on corporate financial policies [J]. Journal of Finance, 2011, 66 (5): 1687-1733.

[251] MANCHIRAJU H, RAJGOPAL S.Does corporate social responsibility (CSR) create shareholder value? Evidence from the Indian Companies Act 2013 [J]. Journal of Accounting Research, 2017, 55 (5): 1257-1300.

[252] MAO Y. Managing innovation: the role of collateral [J]. Journal of Accounting and Economics, 2021, 72 (1): 101419.

[253] MARCELO RESENDE.Mergers and acquisitions waves in the UK: a Markov-switching approach [J]. Applied Financial Economics, 2008, 18 (3): 1067-1074.

[254] MATHERS A M, WANG B, WANG X S.Shareholder coordination and corporate innovation [J]. Journal of Business Finance & Accounting, 2020, 47 (5/6): 730-759.

[255] MATHEWS J A. Dragon multinationals: new players in 21st century globalization [J]. Asia Pacific Journal of Management, 2006, 23 (1): 5-27.

[256] MAUNG M, TANG Z, WILSON C, et al.Religion, risk aversion, and cross border mergers and acquisitions [J]. Journal of International Financial Markets, Institutions & Money, 2021, 70 (1): 1-16.

[257] MEYER K E, DING Y, LI J, et al.Overcoming distrust: how state-owned enterprises adapt their foreign entries to institutional pressures abroad [J]. Journal of International Business Studies, 2014, 45 (8): 1005-1028.

[258] MIGUEL A, FERREIRA, MASSIMO, et al. Shareholders at the gate? Institutional investors and cross-border mergers and acquisitions [J]. The

Review of Financial Studies, 2010, 23 (2): 601-644.

[259] MOELLER S B, SCHLINGEMANN F P. Global diversification and bidder gains: a comparison between cross-border and domestic acquisitions [J]. Journal of Banking & Finance, 2005, 29 (3): 533-564.

[260] MORADI M, VELASHANI MAB, OMIDFAR M. Corporate governance, product market competition and firm performance: evidence from Iran [J]. Humanomics, 2017, 33 (1): 38-55.

[261] MYERS S C, MAJLUF N S. Corporate financing and investment decisions when firms have information that investors do not have [J]. Journal of Financial Economics, 1984, 13 (2): 187-221.

[262] NELSON R R, PHELPS E S. Investment in humans, technological diffusion, and economic growth [J]. The American Economic Review, 1966, 56 (1-2): 69-75.

[263] NIELSEN B, NIELSEN S. The role of top management team international orientation in international strategic decision-making: the choice of foreign entry mode [J]. Journal of World Business, 2011, 46 (2): 185-193.

[264] NICHOLSON R R, SALABER J. The motives and performance of cross-border acquirers from emerging economies: comparison between Chinese and Indian firms [J]. International Business Review, 2013, 22 (6): 963-980.

[265] NOWINSKI W. International acquisitions by Polish MNEs: value creation or destruction? [J]. European Business Review, 2017, 29 (2): 205-218.

[266] ORNAGHI C. Mergers and innovation in big pharma [J]. International Journal of Industrial Organization, 2009, 27 (1): 70-79.

[267] PAN Y, TENG L, SUPAPOL A B, et al. Firms' FDI ownership: the inflfluence of government ownership and legislative connections [J]. Journal of International Business Studies, 2014, 45 (8): 1029-1043.

[268] PARRA A. Sequential innovation, patent policy, and the dynamics of the replacement effect [J]. Rand Journal of Economics, 2019, 50 (3):

568-590.

[269] PENNER-HAHN J, SHAVER J M. Does international research and development increase patent output? An analysis of Japanese pharmaceutical firms [J]. Strategic Management Journal, 2005, 26 (2): 121-140.

[270] RAITHATHA M, KOMERA S.Executive compensation and firm performance: evidence from Indian firms [J]. IIMB Management Review, 2016, 28 (3): 160-169.

[271] REN S G, CHENG Y, HU Y, et al.Feeling right at home: hometown CEOs and firm innovation [J]. Journal of Corporate Finance, 2021, 66 (2): 1-26.

[272] REUER J J, RAGOZZINO R.Signals and international alliance formation: the roles of affiliations and international activities [J]. Journal of International Business Studies, 2014, 45 (3): 321-337.

[273] RICHARDSON S. Over-investment of free cash flow [J]. Review of Accounting Studies, 2006, 11 (2-3): 159-189.

[274] ROSS J.The relationship between OFDI and the ease of doing business [J]. Journal of International Business Studies, 2016 (2): 174-183.

[275] ROSSI S, VOLPIN P.Cross-country determinants of mergers and acquisitions [J]. Journal of Financial Economics, 2004, 74 (02): 277-304.

[276] SCHUMPETER J A.Capitalism, socialism and democracy [M]. London: Allen Unwin, 1942.

[277] SINGH R.Emerging multinationals in emerging markets [M]. Cambridge: Cambridge University Press, 2009.

[278] STIEBALE J. The impact of cross-border mergers and acquisitions on the acquirers' R&D: firm-level evidence [J]. International Journal of Industrial Organization, 2013, 31 (4): 307-321.

[279] STIEBALE J. Cross-border M&As and innovative activity of acquiring and target firms [J]. Journal of International Economics, 2016, 99 (3): 1-15.

[280] STIEBALE J, REIZE F.The impact of FDI through mergers and acquisitions on innovation in target firms [J]. International Journal of Industrial Organization, 2011, 29 (2): 155-167.

[281] STONE M.From tradition to innovation: Jungian analysts working in different cultural settings [J]. Journal of Analytical Psychology, 2016, 61 (5): 693-696.

[282] SUN W, XIE D.Cross-border M&As and the performance of Chinese acquiring firms [J]. The World Economy, 2021, 45 (5): 1614-1647.

[283] SUN Y, DUAN S, WANG L, et al.Uncertainty and China's cross-border mergers and acquisitions [J]. Journal of the Asia Pacific Economy, 2022, 27 (3): 515-533.

[284] SUNDER J, SUNDER S V, ZHANG J.Pilot CEOs and corporate innovation [J]. Journal of Financial Economics, 2017, 123 (1): 209-224.

[285] SZUECS F.M&A and R&D: asymmetric effects on acquirers and targets? [J]. Research Policy, 2014, 43 (7): 1264-1273.

[286] THOMAS A S, LITSCHERT R J, RAMASWAMY K.The performance impact of strategy-manager coalignment: an empirical-examination [J]. Strategic Management Journal, 1991, 12 (7): 509-522.

[287] TSAI F S, BAUGH G S, FANG S C, et al.Contingent contingency: knowledge heterogeneity and new product development performance revisited [J]. Asia Pacific Journal of Management, 2014, 31 (1): 149-169.

[288] UDDIN M, BOATENG A.An analysis of short-run performance of cross-border mergers andacquisitions: evidence from the UK acquiring firms [J]. Review of Accounting and Finance, 2009, 8: 431-453.

[289] VALIYA PURAYIL P, LUKOSE P J J.Does cross-border acquisition reduce earnings management of emerging market acquirers? [J]. Evidence from India International Review of Finance, 2022, 22 (1): 143-168.

[290] VASCONCELLOS G M, KISH R J.Cross-border mergers and acquisitions:

the European-US experience [J] . Journal of Multinational Financial Management, 1998, 8 (4): 431-450.

[291] VERMEULEN F, BARKEMA H. Learning through acquisitions [J] . Academy of Management Journal, 2001, 44 (3): 457-476.

[292] VIDAL-SUÁREZ M, LÓPEZ-DUARTE C. Language distance and international acquisitions: a transaction cost approach [J] . International Journal of Cross Cultural Management, 2013, 13 (1): 47-63.

[293] WERNERFELT B. A Resource-based view of the firm [J] . Strategic Management Journal, 1984, 5 (2): 171-180.

[294] WU A. The signal effect of government R&D subsidies in China: does ownership matter? [J]. Technological Forecasting and Social Change, 2017, 117: 339-345.

[295] WU T-H, TING PJL, LIN M-C, et al. Corporate ownership and firm performance: a mediating role of innovation efficiency [J] . Economics of Innovation and New Technology, 2022, 31 (4): 292-319.

[296] XIE Z, LIN R, MI J, et al. Improving enterprises' cross-border M&A sustainability in the globalization age: research on acquisition and application of the foreign experience [J]. Sustainability, 2019, 11 (11): 1-19.

[297] XIAO H.The impact of cross-border mergers and acquisitions on competitors' innovation: evidence from Chinese firms [J] . Technology Analysis & Strategic Management, 2022, 34 (12): 1479-1492.

[298] YOON H, LEE J J.Technology-acquiring cross-border M&As by emerging market firms: role of bilateral trade openness [J]. Technology Analysis and Strategic Management, 2016, 28 (3): 251-265.

[299] ZHANG A, ZHANG Y, ZHAO R. A study of the R&D efficiency and productivity of Chinese firms [J]. Journal of Comparative Economics, 2003, 31 (3): 444-464.

[300] ZHAI J, WANG Y, LI D. The effect of financing choice on M&A

performance: from the perspective of functional fixation ［J］. China Industrial Economics, 2011（12）: 100-110.

［301］ ZHANG Y, WU X M, ZHANG H, et al. Cross-border M&A and the acquirers' innovation performance: an empirical study in China ［J］. Sustainability, 2018（10）: 1-25.

索引